健美操运动及运动训练研究

方 敏 著

汕頭大學出版社

图书在版编目（CIP）数据

健美操运动及运动训练研究 / 方敏著 . -- 汕头：
汕头大学出版社，2023.11
　　ISBN 978-7-5658-5177-3

　　Ⅰ．①健… Ⅱ．①方… Ⅲ．①健美操－运动训练－研
究 Ⅳ．① G831.32

中国国家版本馆 CIP 数据核字（2023）第 240945 号

健美操运动及运动训练研究

JIANMEICAO YUNDONG JI YUNDONG XUNLIAN YANJIU

作　　者：方　敏
责任编辑：宋倩倩
责任技编：黄东生
封面设计：皓　月
出版发行：汕头大学出版社
　　　　　广东省汕头市大学路 243 号汕头大学校园内　邮政编码：515063
电　　话：0754-82904613
印　　刷：廊坊市海涛印刷有限公司
开　　本：710mm×1000mm　1/16
印　　张：11.25
字　　数：200 千字
版　　次：2023 年 11 月第 1 版
印　　次：2024 年 4 月第 1 次印刷
定　　价：68.00 元
ISBN 978-7-5658-5177-3

前言

在音乐下做运动不仅能有效地改善人体神经压力，及时缓解情绪，而且还对培养学生性格和气质的塑造起到积极的作用。近年来，随着高校体育事业的不断发展，体育教学的内容也更加丰富起来。在目前高校体育运动项目中，健美操是一项融合体育与艺术、集健身与娱乐于一体的有氧健身运动，它动作丰富、节奏感强，成了高校体育教学中主要的教学内容。将健美操教学与训练融入高校体育教学中，有效地促进了我国高校体育教学水平的提升，对当代大学生身心的健康成长具有重要的意义。

本书首先对健美操运动的基本概念进行论述，梳理了健美操的分类、特点、功能与价值以及健美操运动的理论基础，为健美操运动的研究奠定稳固的理论基础；其次，在对健美操运动教学内容设计与教学方法的分析的基础上，系统地探究了健美操运动的课程设置；随后，在探索了具有实践创新价值的健身健美操、流行健美操和竞技健美操的训练方法的基础上，力求将我国健美操教学水平推向更高的阶段；最后，探讨了健美操的创新发展。

本书从多个角度出发，探索了高校健美操教育的创新发展，突出学术性与实用性、理论性与实践性、严谨性与规范性、综合性与创新性，有助于我国高校健美操教学的整体水平提升。由于能力有限，文中难免会有疏漏之处，恳请各位读者提出宝贵的意见和建议。

目录

第一章 健美操运动

第一节 健美操运动概述

一、健美操运动的分类与特点

（一）健美操运动的分类

目前健美操运动的种类繁多，根据其目的和任务可以分为三类：健身性健美操、竞技性健美操和表演性健美操。健身性健美操的宗旨是"健康第一"；竞技性健美操的目的是获得佳绩、夺得冠军；表演性健美操的目的是娱乐、观赏，追求形体美和愉悦性。

1. 健身性健美操

健身健美操也称为大众健美操，具有音乐节奏鲜明、旋律轻松愉快、音乐速度较慢、动作简单、运动强度较低、动作形式多以对称的方式出现、重复次数多、场地要求低、随意性大等特点。健身性健美操其操化动作风格可依据动作的不同，音乐的节拍快慢或者服装来确定，什么样的音乐就有相应的风格动作。[①] 它主要以健身、健美、健心为目的，是集健身、娱乐、防病于一体的群众性、普及型健身运动。健美操的练习形式分为热身部分、有氧练习部分、形体练习和放松部分等几大块，成套动作一般是从头颈、四肢、全身、跳跃、放松等练习顺序来编排。活动的顺序是从身体的远端开始，逐渐过渡到躯干部位。健身性健美操适合人群广泛，是一项很好的体育休闲、娱乐健身活动。根据不同的分类标准将健身性健

---

① 白静. 民族健身操与健身性健美操的比较研究 [J]. 体育时空，2015（19）.

美操分为以下几种。

（1）按年龄划分

根据人在不同年龄阶段的不同生理、心理、体态、体能等特征和锻炼需要，将健身性健美操分为老年健美操、中年健美操、青年健美操、少儿健美操、幼儿健美操等。

（2）按性别划分

按照性别分为男子健美操和女子健美操。男子健美操的动作设计突出"阳刚"，动作幅度大而有力；女子健美操的动作设计突出"阴柔"，强调的是艺术性和柔美性。

（3）按人数划分

按照人数主要划分为单人、双人、三人、六人和集体健美操。集体健美操在练习时，除了包括平时锻炼的动作外，往往增加一些动作组合和队列、队形的变化，以反映练习者平时锻炼的情景。

（4）按练习形式划分

按照练习形式划分为徒手健美操、持轻器械健美操、专门器械健美操等。其中徒手健美操最为常见。持轻器械健美操中常用的器械有哑铃、沙球、橡皮带、彩带、短棍等。专门器械健美操中常用的器械有踏板、健身球、圆盘、体操垫、健身器等。

（5）按动作风格划分

按照动作风格划分为拳击健美操、搏击健美操、拉丁健美操、迪斯科健美操、武术健美操、舞蹈健美操、仿生健美操等。不同动作风格的健美操就是在传统健美操的基础上结合了其他不同运动项目的元素而形成的。例如，拉丁健美操中就是结合了恰恰、斗牛、伦巴、桑巴等各种拉丁舞的元素，再结合现代健美操的基本步伐，使其动作丰富多彩。

（6）按人体解剖部位划分

按人体解剖部位划分为颈部健美操、肩部健美操、手臂健美操、胸部健美操、腰腹部健美操、髋部健美操、腿部健美操等。这主要是针对人体某个部位进行针对性的健身锻炼。例如，腿部健美操主要锻炼腿部肌肉功能以及关节的灵活性。

（7）按目的和任务划分

按照目的和任务划分为形体健美操、康复健美操、热身健美操、韵律健美操、姿态健美操、保健健美操和减肥健美操、产后健美操等。

（8）按人名划分

按照人名所划分的主要是简·方达健美操，这主要是为了纪念简·方达对健美操发展所作出的杰出贡献。

2. 竞技性健美操

竞技健美操是一项在音乐的伴奏下，能够表现连续、复杂、高强度成套动作的运动项目，该项目起源于传统的有氧运动；成套动作必须通过连续的动作组合，展示出运动员柔韧性和力量、七种步伐的多样性操化动作组合、结合难度动作完成成套动作的竞技能力。在竞技健美操特点的基础上，成套创编所有内容必须完美结合，将健美操这一体育运动转化为一种富有创造性和独特性的艺术体现。[①]

竞技性健美操是以比赛取得优异成绩为主要目的的竞技运动。竞技健美操只进行自编动作比赛，自编动作必须符合要求。每套动作有一定的时间限制，成套的动作要根据其基本步伐、特色、难度、完成情况、时间、体型等各种因素来评分。

目前国际体操联合会举办的健美操世界锦标赛所设的正式比赛的项目有女单、男单、混双、三人和集体六人五个项目。并且为了保证比赛的规范性和公正性，对各项参赛人数、比赛场地、参赛服装和成套动作的时间等都做了严格的规定。

国际上较大规模的竞技性比赛有国际体操联合会（FIG）组织的健美操世界锦标赛；国际健美操冠军联合会（ANAC）组织的世界健美操冠军赛；国际健美操联合会（IAF）组织的健美操世界杯赛等。

我国正式的大型竞技健美操比赛有全国健美操锦标赛、全国健美操冠军赛、全国青少年健美操锦标赛等。

3. 表演性健美操

表演性健美操是健美操运动中一项深受广大群众喜爱的项目，并出现在不同类型的表演性节目中。[②] 表演性健美操的主要目的就是为了"表演"。在表演性健美操中竞赛规则、比赛人数、形式、规模及动作的设计和选择限制性较小，自

---

① 张林芳.竞技健美操的艺术性 [J].学周刊，2015（18）.

② 王锦，刘佳.表演性健美操作品编创特点分析 [J].首都体育学院学报，2017（29）.

由度较大，目的是使比赛更具观赏性。通过表演来展示健美操的魅力、价值和活力，使观众在观赏中陶冶情操、愉悦身心、净化心灵，同时起到宣传和推广健美操的作用。

表演性健美操的比赛时间一般为 2～5 分钟，内容可以根据需要和表演者的特点进行选择。为了取得较好的表演效果，一般动作重复较少，音乐速度可快可慢，强调动作的新颖性。表演者可以利用轻器械或一些风格化的舞蹈动作来烘托气氛、感染观众、增加表演效果。表演性健美操常用的形式有有氧拉丁操、有氧搏击操、健身街舞、踏板操等。由于表演性健美操的动作比健身性健美操的动作复杂多变，因此要求表演者要具备较好的协调性，还要有一定的表演意识和集体配合的意识。表演性健美操主要分为以下三种。

（1）健身表演类健美操

这类表演性健美操主要有健身健美操、踏板操和搏击操。在这类操的创编中，我们要有意识地强调该类健美操本身特点的动作，尽可能地展示动作本身给身体带来的作用，集中展示其精华部分。

（2）艺术表演类健美操

这类表演性健美操突出的是其外在艺术性。主要用于大型比赛和活动的开幕式或中场休息，以及新产品展示或活动现场。主要是为了吸引观众眼球，丰富群众体育文化生活；从外在展示上来说，突出的是动感美、活力美和韵律美。

（3）技巧表演类健美操

展示技巧类健美操强调以高难度动作等技术作为支撑，并融合技巧的成分。动作难度大是展示技巧类健美操的主要特征。

（二）健美操运动的特点

1. 健身健美操的特点

（1）保持有氧代谢

健身健美操的动作及套路设计，都是以保证健身者在运动过程中能够最大限度地摄入氧气并充分燃烧体内脂肪作为能量供给为前提的，以此实现加快体内新陈代谢，重新建立人体更高机能水平的目的。在有氧运动中，呼吸系统、心血管系统及神经系统都得到良好的锻炼，对于消除体内多余脂肪、保持健康、增强体质具有很好的效果。

（2）广泛的适应性

健身健美操练习的形式多样，参加的人数可多可少，时间可长可短，运动量可大可小，易于控制，可以在室外、室内、广场、大厅、娱乐场所、健身房，甚至在家庭的居室中都可进行。因此各个年龄阶段、不同性别、不同身体素质、不同技术水平的人都能从健身健美操练习中找到适合自己的方式，都能从健身健美操练习中获得乐趣。如中老年人可选择低强度的水中健美操，青少年可选择动感强劲的街舞，都能达到锻炼身体、娱乐身心、保持健康的目的。

（3）注重个体差异

健身健美操以其生动活泼、轻松自如、随心所欲的运动形式早已被大众所接受。健身健美操的动作套路形式多样化，节奏有快有慢，套路有长有短，动作有难有易，运动量和运动强度大小可任意调节，在实际运用中能够根据个人特点与要求各取所需。

（4）健身的安全性

健身健美操所设计的运动负荷与运动节奏，都充分考虑了由此而产生的一系列刺激结果的可行性，使之适合于一般人的体质，甚至体质较弱的人都能承受的有氧范围。人们在平坦的地面上，在欢快的音乐声中，跟随快慢有序的节奏进行运动，十分安全而且有效。

2. 竞技健美操的特点

（1）以传统健美操为基础

竞技健美操保留了传统健美操的基本特性，如：动作的弹性与控制，传统健美操中常用的七种基本步伐以及体现肌肉力量的动作。不同于传统健美操的是竞技健美操的动作幅度更大、力度更强、速度更快，给观众的视觉感受更深刻、更有刺激性。因此竞技健美操是以传统健美操为基础，是在普及的基础上求发展，从比赛中求提高。

（2）高度的艺术性

竞技健美操是属于难、美项群的竞赛项目，竞技健美操的艺术性主要体现在其"健、力、美"的项目特征上。竞技健美操运动员必须要具备高质量地、优美地、自信地和充满活力地完成动作的能力。运动员在比赛中所表现出的健美的体魄、高超的技术、流畅的编排和充沛的体力等，充分显示出热情、活力、魅力、情感以及非凡的气质，无不给观众留下深刻的印象，从而充分体现出健美操运动的"健、力、美"特征和高度的艺术性。

（3）强烈的节奏性

竞技健美操强烈的节奏性通过音乐充分地表现出来，竞技健美操音乐的特点是节奏强劲有力、旋律优美，具有烘托气氛、激发人们热情的效果。竞技健美操音乐具有自己特有的形式，其主要作用是用来烘托成套动作的效果与气氛。运动员可以将音乐的风格用肢体语言和面部表情表演出来，同时音乐主体的选择、节奏速度、高低音和后期动效的制作可使运动员的表演得到升华，与观众达成共鸣。音乐的选择和制作质量良好，与运动员的特点、动作风格相吻合能激发观众的情绪，使竞技健美操比赛更具有感染力与观赏性。

（4）情感的表现

音乐是情感体现的手段。竞技健美操音乐多采用节奏强劲、韵律感鲜明、曲调优美、激发情绪、振奋精神的现代音乐曲目。从世界竞技健美操锦标赛看，大都是自己创造的音乐，其中配有风声、雨声等，与动作非常吻合，体现了独特的风格。

二、健美操运动的功能与价值

（一）健美操运动的功能

健美操运动是具有实用锻炼价值的运动项目，对人们身体、心理、社会适应等方面作用显著。健美操的功能主要有以下几个方面。

1. 强身健体

强身健体功能的核心含义是通过锻炼使身体健康、强壮。

健美操运动是以有氧运动为基础。有氧运动能够很好地提高人体的心肺功能，长期参加健美操锻炼可以使心肌增厚、心脏容量增大、血管弹性增强，从而使心搏有力、心排血量增加，进而提高心脏的功能、提高全身供氧能力，使呼吸肌变得有力，增大了肺部的容积和吸氧量，安静时呼吸加深，次数减少，运动时吸氧量增大，提高了有氧代谢能力，对增强耐力有很大帮助。长期坚持健美操运动锻炼，可以有效地避免心血管疾病和呼吸系统等疾病的发生。

经常参加健美操运动对人体各关节的灵活性和各器官的功能有很大的帮助。

健美操运动可以使关节更灵活，肌肉的力量变强、弹性提高，使韧带、肌腱等结缔组织更富有弹性；使关节面骨密质增厚，肌腱和韧带增粗，增强关节的稳固性；提高人的动作记忆能力和再现能力，提高神经系统的灵活性和均衡性；腰腹部和臀部的活动加强了胃肠蠕动，增强了消化能力，有利于营养的吸收和利用。

2. 提高身体素质

身体素质包括力量、速度、耐力、灵敏、柔韧和协调，健美操运动对提高身体素质也起着积极作用。

例如，健美操运动前的准备活动，如压腿、热身等，以及运动时各种伸展性动作，都使肌肉处于充分拉伸或收缩的状态，能够提高肌肉、肌腱和韧带的弹性和柔韧性。

健美操运动的一系列动作是上肢、下肢及躯干协调完成的，要求动作优美、舒适，协调一致，因此对提高身体的协调性具有积极的作用。[①]

3. 塑造形体

塑造形体主要包括两个方面，即体态和体型。体态主要是指身体各部位所表现出来的外部形态；体型主要是指整个身体的形状，即整个身体从头到脚各部位之间的比例及各肌肉群曲线的大小。

在塑造体态方面，健身性健美操对站立姿态、坐姿、走姿都有着严格的要求。例如，在站立姿态中，要求头正直、两眼平视、下颌微收、两肩下沉、挺胸、收腹、立腰等。通过这样的要求，就能很好地改善人们在日常生活和工作中造成的脊柱弯曲、驼背含胸等不良的形态，从而表现出一种良好的气质与修养，给人以朝气蓬勃、健康向上的感觉。

在塑造体型方面，健身性健美操既可以塑造肌肉的围度，还可以雕琢人体的曲线。健身性健美操通过增粗肌纤维，增大肌肉体积，使肌肉围度发生变化，给人"力"的美。此外，健美操练习能够消耗体内多余的脂肪，维持人体吸收与消耗的平衡，有益于肌肉、骨骼、关节的匀称、和谐发展，从而达到改善不良身体形态、形成完美体态的目的。例如腰腹部健美操、髋部健美操等，减少了这些部位堆积的脂肪，使体型变得匀称健美。

---

① 汤旭，高路. 浅析健美操的教育功能与社会价值 [J]. 魅力中国，2018（14）.

4. 调节身心

随着时代的发展和社会的进步，人们在享受科学技术所带来的舒适生活和各种便利的同时，社会竞争所带来的精神压力也随之加强。研究表明，长期的精神压力不仅会引起各种心理疾病，而且还会因为这些精神压力而产生许多躯体疾病，如高血压、心脏病、癌症等。健美操运动以其动作优美协调，同时有节奏强烈的音乐伴奏而著称。它可缓解精神压力，排除心理上的紧张与烦恼，预防各种疾病的产生。让人们在轻松优美的健美操锻炼中，尽情享受健美操运动所带来的欢乐，从而得到内心的安宁，使人具有更强的活力与最佳的心态。

另外，健美操锻炼是集体运动，经常与其他健美操爱好者共同练习促进了人们的社会交往。目前，无论是国外还是国内，人们参加健美操锻炼的方式是去健身房，在健美操教练的带领和指导下集体练习。而参与健美操锻炼的人来自社会的各阶层，因此，这种形式扩大了人们的社会交际面，把人们从工作和家庭的单一环境中解脱出来，可接触和认识更多的人，开阔眼界，在与人沟通交流中，为生活开辟另一片天地，大家共同锻炼，共同欢乐，互相鼓励，有些人还因此成为终生的朋友。因此，健美操锻炼不仅能强身健体，同时还具有娱乐功能，可使人在锻炼中得到一种精神享受，满足人们的心理需要。

5. 医疗保健

健美操运动不仅是科学合理的健身形式，还是医疗保健的手段。健美操作为一项有氧运动，其特点是内容丰富、强度低、密度大、运动量因人而异，因此对健康的人具有良好的健身效果，对一些病人和老年人也是一种医疗保健的理想手段。例如，对孕妇可以进行水中有氧操运动练习，也可在床上采用卧姿的形式进行练习；对下肢瘫痪的病人来说，可在地上或椅子上做操进行练习，一方面防止下肢功能进一步衰退，另一方面也使上肢和躯干得到较好的锻炼。只要控制好运动量和运动范围，健美操就能在预防损伤的基础上，达到医疗保健的目的。

（二）健美操运动的价值

1. 健身价值

（1）增强肌肉力量和关节灵活性

经常从事健美操锻炼，可提高关节灵活性，增强肌肉和结缔组织的弹性。人体有五百多块肌肉，除附着于骨骼外，心脏、血管、肠胃、子宫、膀胱、尿道都有肌肉。肌肉中布满神经感觉器官、血管和各种腺体，肌肉由纤维组成，具有收缩功能。经常进行健美操锻炼可使肌纤维变粗而且坚韧有力，其中所含蛋白质及糖原等的储量增加，促进血液循环及新陈代谢，并使动作的耐力、速度、灵活性、准确性都得到增强。人体的肌肉附着于骨骼，经常进行健美操锻炼，会改善骨骼的血液循环及代谢，使骨外层的密质增厚，骨质更加坚固，从而提高了抗折断、弯曲、压拉、扭转的能力。我们的关节其周围由韧带和肌肉包围，进行健美操锻炼，可增强关节的韧性，提高关节的弹性和灵活性。

（2）促进内脏器官功能

经常从事健美操锻炼，对身体许多器官会产生良好的影响。长期坚持锻炼，可以使心肌增厚，心腔容量增大，血管弹性增强，进而提高心脏的功能，使心搏有力，心排血量增加，改善自身循环，从而提高全身供氧能力。

经常从事健美操锻炼，能使呼吸强壮有力，吸气时胸廓充分扩展，使更多的肺泡张开而吸入更多氧气；呼气时胸廓尽量压缩，排出更多的二氧化碳。长期坚持健美操锻炼，能提高每次呼吸时的气体交换量，这既有利于呼吸肌的休息又能提高呼吸系统的功能储备，从而保证在激烈运动时满足气体交换的需要，对维持人体旺盛的精力有利。

经常从事健美操锻炼还能提高消化系统的机能。因为肌肉活动可消耗大量能量，加之胸腹部及髋部全方位活动较多，刺激了肠胃蠕动，可增强消化机能，有助于营养物质的吸收和利用；还能改善肾脏的血液供应，提高肾脏排除代谢废物的能力，从而提高人体对疾病的防御能力及抵抗能力。

（3）调节心理状态

人的一切活动都离不开思想意识和心理活动。健美操锻炼不仅能形成健美的体魄，而且对人的心理状态也有良好的影响。优美明快的音乐节奏，活泼愉快的形体动作，可使人陶醉在美的韵律之中，很快消除心理上的紧张与焦虑，身心得到全面调节，精神面貌和气质都会有所改善和提高。健美操是一种群体运动，它能使练习者体验到个人与集体的关系，扩大人际交往圈。通过集体配合练习，还有助于增进友谊、提高群体意识。

2. 健美操的心理价值

（1）可增强对音乐节奏的感受力

健美操的音乐具有鲜明的节奏感和韵律感。人体感受器在多次受到刺激后，一个对音乐节奏感受力较差的人也会自然地调节功能，适应节奏，提高感受力。健美操教学实践也证明，初学健美操的学生大多节奏韵律感差，只有少数能配合音乐有节奏地运动，通过十几堂课的练习后，学生都能随音乐有节奏地运动了，并能熟练自如地跳一两套完整的健美操。

（2）有益于丰富想象力、创造力

想象是在表象重新组合的基础上，反映未直接感受过的事物新形象的过程。健美操具有一定的随意性，练习者可以在音乐的伴奏下随意运动。此时人们可以充分发挥自己的想象力和创造力，根据音乐特点，情绪随意发挥，尽情跳动。一套健美操动作编排要求很高，它要求成套动作素材多样化，不得多次重复某个动作，音乐选配也与动作性质、节奏及人的性格情绪统一。经常进行整套健美操的锻炼有益于提高人们的想象力、创造力。在健美操班学习的学生大多思维活跃，他们中的一部分人已是校健美操队的队员，并成为各班的文艺骨干，能够独创舞蹈、健美操等。

（3）提高注意力

注意，是人的心理活动对一定对象的指向和集中，是人们获得知识和提高工作效率的必要前提。人们出于学习、猎奇的目的和个人兴趣，对新奇的事物容易引起注意。健美操节奏明快，动作刚劲有力，有较强的刺激，可以减肥美体，满足人们对美的追求；可以创造欢乐的气氛，使人在短时间内即可将注意力集中到健美操运动上来。人们不可能只对一项工作、一种事物产生注意，所以，注意常常会发生转换。虽然注意的转移频率主要依赖于神经系统的灵活性，也就是依赖于兴奋和抑制交替的过程，但后天的训练培养可以改善我们的自主转换能力。健美操的动作灵活多变，小关节动作多，不对称的动作多，节奏多，变化多，多变化的练习可以培养人的注意转换。经过健美操训练的学生，上课时注意力容易从课外事物转移到课堂，注意力也较集中、稳定，所以健美操队的学生文化成绩好于其他运动员。

（4）锻炼顽强的意志

意志是人们自觉地确定目的，并支配行动，克服种种困难而实现目的的心理过程。人们在跳健美操时有明确的目标——强身健体。对于从未接触过舞蹈和体操的人来说，初学健美操会遇到许多困难，如动作不协调、柔韧性差、动作无法到位、体力跟不上等，可健美操却能以其独特的魅力吸引着练习者克服困难，咬紧牙关，坚持下去。一套健美操一般都在 3 ~ 5 分钟左右，要收到强身健体的效果，必须有一定运动负荷，那么就需要依靠一定的耐力和顽强的意志去完成。通过观察和研究健美操运动员就会发现，他们中的大多数都具有较强的韧性，他们身上有股劲，面对再高难度的动作也不畏惧，这就是意志的表现，是长期训练的结果。

（5）能练就翩翩风度，陶冶美的情操

健美操对人体姿态有一定要求，其动作类型、技巧除了有健身价值外，还十分强调美感。在健美操对形体美、动作美的严格训练中，参加者对形体美有了正确认识，改变了以瘦为美的片面观点，开始追求强壮的健美体型。在健美操教学训练中，要求保持收腹、抬头、挺胸的姿态，经过严格训练，许多人改掉了含胸驼背的不良习惯。

（6）增强自信心，培养奋发向上的精神

在健身房里，人们伴着动感的迪斯科乐曲，将情绪冲动同节奏结合在一起，而这种节奏又具有鼓舞人心的感染力量。特别是在集体环境里，人们会把郁积多时的低沉烦闷情绪统统涤除干净，从而焕发出一种奋发向上的精神力量。

3. 健美操的社会价值

（1）推进社会精神文明建设，促进和谐社会建设

健美操运动的开展大部分是在开放且非功利性的环境中进行的，人们卸下伪装，有利于突破自我，实现情感真实交流。人们通过健美操运动，友情于趣味相投的朋友之间传递，人际关系得以调节，对社会的稳定、进步和发展有着积极的作用。在健美操的审美体验中，人们淡漠的情感被引燃，负面的情绪得以发泄，使人们的心理状态趋于健康。参与者通过实践，亲身体验姿势美、协调美、韵律美和动作美，提高了对美的感受力、鉴赏力、创造力以及丰富的想象力。

（2）社会文化价值

意志品质教育的社会文化价值展现在教学活动中，将本运动项目在思想品德

教育中的特点寓于教学过程之中去。让学生在运动中学会坚持，并且要尊重授课的老师。在健美操的运动训练活动中，不仅要提升个人的运动水平和能力，还应该以提高学生的品德修养为教学指标。在教学活动中，教师应该积极介绍动作技能最新发展的动态，从而激发学生的兴趣和探索新动作的欲望。教师在动作教学的过程中辅以运动文化内涵的剖析，从而提高课程教学的思想性，在健美操社会文化价值开发的过程中，教师应该善于创设问题情境，根据已知知识技能来启发学生的思维。

（3）健美操的社会经济价值

随着人们生活水平的提高和全民健身运动的普及，健美操的医疗保健价值和娱乐价值被越来越多的人认可。大众健美操运动可以调节人们的各种压力。健美操群众基础广泛，一些精明的投资者抓住了广大健身爱好者的需求，大力投资大众健美操市场，随着产业的发展及市场的开拓，越来越多的以大众健美操为主要形式的健身中心、俱乐部在社会上相继开业，这不仅推动了大众健美操的快速发展，而且也促进了国民经济的发展，同时他们也获得了丰厚的利润，进而达到消费市场转化的终极目的，既提高了人口的身体素质，又推动全民健身运动发展。

三、健美操的术语与运用

（一）术语的概念

术语是指各门学科的专门用语。健美操术语是描述健美操动作的专门用语，它是用来表达健美操动作名称以及描述动作、技术过程的专门用语和专有词汇。

由于健美操运动源于国外，一些约定俗成的英文名称已使用了许多年，形成了比较完善和统一的系统，因此本教材的编写尽可能采取中英文对照的形式，并结合我国健美操运动的特色，本着实用的原则，力争讲述清楚易懂，从而达到在规范术语的基础上，尽量与国际惯例保持一致。

（二）术语的分类

1. 动作方法术语

立：两腿站立的姿势。有并腿立、分腿立、提踵立、点地立、单腿立等。

蹲：两腿屈膝站立的姿势。半蹲：屈腿大于90°；全蹲：屈腿小于90°。

弓步：一条腿屈膝，另一条腿伸直，身体重心在两腿之间的站立姿势。一般常用的有前弓步和侧弓步。

点地：一条腿伸直或屈膝站立，另一条腿脚尖或脚跟触地的姿势，身体重心在着力腿。有向前、侧、后点地。

踢腿：一条腿站立，另一条腿做有力的摆动动作。有向前、侧、后踢腿。

吸腿：一条腿站立，另一条腿屈膝向上抬起的动作。有向前、侧吸腿。

平衡：一条腿站立，另一条腿抬起并保持一定时间的动作。

举：臂或腿抬起并固定在某一方位上的姿势。有前举、侧举、斜下举等。

屈伸：肢体在矢状面，额状面向前运动为屈，向后运动为伸（膝、踝关节相反）。

摆动：臂或腿在某一平面内，自然地由某一部位匀速运动到另一部位的动作。手臂摆动以肩关节为轴，腿的摆动以髋关节为轴。有前后摆动、左右摆动、上下摆动等。

振：臂或上体做大幅度的加速摆动作。

绕：身体某一部位摆至 180° 以上，360° 以内的动作。

绕环：身体某一部位摆至 360° 或 360° 以上的动作。[①]

跪：屈膝并以膝着地的姿势。有跪立、单腿跪立、跪坐、跪撑等。

坐：以臀部着地的姿势。有屈腿坐、并腿坐、分腿坐、半劈腿坐、盘腿坐等。

卧：身体躺在地上的姿势。有仰卧、侧卧、俯卧等。

撑：手着地并承担身体重量的姿势。有俯撑、俯卧撑、蹲撑、仰撑等。

2. 关系术语

（1）肢体关系术语

同侧：同一侧的上肢和下肢动作的配合，如出左腿，出左手。

异侧：不同侧的上肢和下肢动作的配合，如出左腿，出右手。

同面：上肢动作和下肢动作的运动面一致，如身体向侧移动，手臂侧摆。

异面：上肢动作和下肢动作的运动面不一致，如向前走，手臂侧摆。

同时：上肢和下肢同一时间做动作。

---

① 那小波，王勇 . 大学体育与健康 [M]. 哈尔滨：哈尔滨工业大学出版社，2017：53.

依次：上肢或下肢相继做同样的动作。

双侧：两臂同时做同样的动作或下肢依次做相同的动作。

单侧：只有一只手臂做动作或只做了一个方向的动作，如侧交叉步，右臂屈伸两次。

对称：两臂同时做相同的动作或下肢依次做不同方向但相同的动作。

不对称：两臂同时做不同的动作或下肢依次做不同的动作。

（2）移动术语

移动（Travel）：身体向着相应的方向参考点运动的方式。

向前（Forward）：向着前面的参考点方向运动。注意"前"和"向前"的区别，你可以面向前向前移动，也可以面向后向前移动。

向后（Backward）：向着后面的参考点方向运动。

向侧（Lateral）：向着侧面的参考点方向运动。

原地（On the spot）：无移动或在 4 拍内回到原来的地方。

转体（Turn）：身体绕垂直轴转动。转体 360° 可以是 $4 \times 90°$ 或 $2 \times 180°$ 的转体。

绕圈（Circle）：绕着一个相应的点做转体，经常是向前、向后和向侧移动的结合。

（3）基本概念术语

冲击力（Impact）：人体运动时对地面产生一定的作用力，而地面同时也给予人体相应的反作用力，即冲击力。这种冲击力随着每一个动作自下而上通过人体向上传递并逐渐消失。

无冲击力动作（Non-impact moves）：两只脚都接触地面或不支撑体重的动作。如双腿半蹲、弓步以及垫上动作、划船机和自行车练习等。

低冲击力动作（Low impact moves）：总有一只脚接触地面的动作，如踏步、侧交叉步等。

高冲击力动作（High impact moves）：两只脚都离开地面，即有腾空的动作，如开合跳、吸腿跳等。

3. 基本动作名称术语

弹动（Spring）：膝关节有弹性地屈伸。

踏步（March）：在原地两脚交替落地。

走（Walk）：踏步移动身体。

一字步（Easy-Walk）：左脚向前一步并腿，右脚向后一步并腿。

V字步（V-step）：左脚向左前迈一步，紧接着右脚向右前迈一步，屈膝，然后依次退回原位。

漫步（Mambo）：左脚向前踏一步，屈膝，右脚稍抬起然后落回原处，接着左脚再向后踏一步，右脚同样稍抬起然后落回原处。

并步（Step touch）：左脚向左侧迈一步，右脚前脚掌并于左脚脚弓处，稍屈膝下蹲。

交叉步（Grapevine）：左腿向侧迈出，右腿在其后交叉，稍屈膝，左腿再向侧一步，右腿并拢。

半蹲（Squat）：两腿分开或并拢，屈膝。

点地（Tap touch）：左脚尖或脚跟触地，右腿稍屈膝。

移重心（Step tap）：左脚向侧迈一步，经过屈膝重心移至左脚支撑，右脚侧点地。

后屈腿（Leg curl）：左腿站立，右腿后屈，然后还原。

弓步（Lunge）：左腿向前（侧、后）迈步屈膝，右腿伸直，身体重心在两腿之间的站立姿势。

吸腿（Knee lift）：左腿站立，右腿屈膝向上抬起。

踢腿（Kick）：左腿站立，右腿直膝加速上踢。

弹踢腿（Flick）：左腿站立，右腿先屈膝，然后向前下方弹直。

跑（Jog）：两腿依次经腾空落地，要求小腿向后屈膝折叠。

开合跳（Jump jack）：由并腿跳成分腿，然后再跳回并腿。

并步跳（Step jump）：左脚向前侧迈一步同时跳起，右脚迅速并拢成双脚落地。

点跳（Pony）：左脚向左侧小跳一次，右脚随之并上垫步跳一次。

4．难度动作术语

竞技健美操难度动作目前共有三百多个，分为俯撑类、支撑类、跳与跃和多样化柔韧四类。另外，也有一些难度动作是以特有的术语名称来指代。现归纳如下：

文森：以俯撑姿势开始，一腿搭在或高于同侧肱三头肌上部的动作。

托马斯全旋：以分腿姿势开始，双手支撑体重，两腿以分腿姿态绕身体转动，当转至支撑臂下时，两手依次抬起的动作。

分切：俯撑推起后两腿分别经两侧向前摆越成仰撑。

直升机：分腿坐后倒，两腿依次做绕环后成俯撑。

科萨克跳：双脚垂直起跳，双腿平行于地面，一腿屈。

剪踢：单脚起跳，一腿踢至水平面上，腾空剪刀式交换踢。

剪式变身跳：单脚起跳，转体 180° 交换腿展示纵叉姿。

依柳辛：由站立开始，一腿后摆在垂直面内绕环，同时身体以支撑腿为支点转体 360°。

开普：单臂支撑侧水平劈腿。

（三）健美操术语的运用

1. 动作的记写方法及要求

第一，在描述一个完整的动作时，一般包括开始（预备）姿势、动作方向、动作形式、动作间的关系、动作连接过程、结束姿势等；

第二，注意应按照动作的节拍顺序记写每个动作的做法；

第三，注意用词的顺序，一般先下肢，后上肢；

第四，在记写时要注意指出方向上的变化，动作的重复次数；

第五，只记写第一个动作的开始姿势，后一个动作的开始姿势可以省略，因为下一个动作的开始姿势就是前一个动作的结束姿势；

第六，若干拍后与前动作完全相同，记写时可以省略，但要注明。动作相同但方向相反，也要注明。

2. 健美操成套（组）动作记写形式

（1）文字记写法

通常这种方法用于编写书籍、专业教材等。它是根据以上介绍的对术语记写的要求，详细准确地写明具体动作和过程。这种方法较为复杂，但具有描述准确性高的特点。尤其作为竞赛、考核、测验等的规定动作，为了力求统一、不产生误解，在书写时必须完全按照规范术语的要求。

文字记写法通常和照片或动作插图一起使用，达到直观准确的目的。

（2）编写法

大部分健美操动作上肢动作的变化比较复杂，也比较灵活，同时可认为是步法的配合动作，因此通常省略上肢动作不写，而以健美操基本步法名称本身直接记写，只用两三个字就可以表明该动作，如：交叉步、V字步等。动作之间连接过程用加号"+"表示。这种方法简便实用，但无法准确描述具体的动作过程细节一般较多用于快速记录、编写教案等。以下是一组4个八拍动作记写举例：

1×8：4侧并步；

1×8：2V字步；

1×8：2上步提膝；

1×8：2开合跳＋踏步。

注：每一行代表一个八拍，动作名称之前的数字表示动作重复次数。

（3）图解法

图解法可分为双线条影像绘图法和单线条简图法。双线条影像绘图法能像照片一样清晰地、立体地勾画出动作的外部形态、服饰及头部的具体形态。但这种绘图方法要求绘图者具有一定的美术基础和专业技术基础，因此不普及，只有在书籍和专业教材中使用。单线条简图法能比较简单、直观地再现动作及过程，它的特点是运用方便、快捷。这种方法较多用于记录动作和编写教案。①

第二节　健美操运动的理论基础

在对健美操运动进行理论研究时，其相关的理论基础研究是必不可少的一部分。健美操运动的相关理论基础包括科学原理、营养学基础、心理学基础、解剖学基础。

---

① ①牛文英.健美操教程[M].西安：陕西科学技术出版社，2015：54.

一、健美操运动的科学原理

（一）肌肉增长和年龄的关系

人体的肌肉增长分为快速增长、相对稳定和明显下降三个阶段，并随着年龄的增长而发生变化。一个人从他/她出生开始，伴随其机体生长发育肌肉也会得到持续的增长。在 25 岁的时候，男子的肌肉会达到增长的最高数值并且之后会呈现出逐年下降的趋势，在 22 岁的时候，女子的肌肉会达到增长的最高值。

同成年人比较，人体在少年的时候具有含水量较高的肌肉，然而，能源物质的储备粮，如肌肉蛋白等，其数量却处在较低的水平，且具备较细的肌纤维。所以，当人处在少年的阶段会具有较弱的肌力，因而耐力较差，疲劳感很容易出现。这也就意味着年龄偏低的儿童对于大运动量、较高强度的肌肉训练不能够长时间进行。在人处于青年的时候，由于人体已经具备相对稳定的肌肉增长，因而在这一阶段如果开展大运动量、较高强度的肌肉训练，势必会取得比较理想的效果。青年期过后，由于人体肌肉增长开始下降，这时进行肌肉方面的训练就难免会获得较差的效果，然而，如果始终保持健康的体魄，那么适量开展肌肉锻炼还是会获得比较好的训练成果。

在健美操运动训练进行的过程中，必须要按照自身的实际情况与人体肌肉的发展阶段来合理安排肌肉负荷强度，避免出现过度训练或者训练不足的情况。

（二）肌肉增长的生理学基础

坚持长期的运动训练是促使人体肌肉不断生长的重要条件。在训练的过程中，人体内部的各组织细胞会消耗较多的能量物质，而这些能量物质的恢复要等到训练之后才能进行。即运动员在结束训练活动之后，如果想要在一定时间内，使能量物质复原到原来的水平，就需要进行适量的休息或者是对营养物质进行补充，进而使人体的合成代谢对于分解代谢就能够实现。当人体出现"超量恢复"[①] 的现象，也就是能量物质比原来水平多的时候，在这一阶段对运动员进行训练，就会获得较好的训练效果。

---

① ①贺道远，宋经保．运动健身理论与方法 [M]．武汉：武汉大学出版社，2018：26—27．

人体肌肉活动的剧烈程度对运动员运动中能量消耗的多少和运动后恢复的快慢有重要的影响。运动员在进行健美操训练时，只要对适量原则始终坚持，就能够对超量恢复的规律进行掌握，进而对肌肉的持续增长起到一定的促进作用。

（三）肌肉增长的生物化学基础

与普通人相比，经常参加健美锻炼的人肌肉里所含的磷酸肌酸等能量物质也比较多，无氧酵解能力和耐酸能力也相对更强。一般来说，一个人的训练水平越高，其身体内部的能量储备就会越多，肌肉中新毛细血管也会越多，其在运动中所表现出的忍耐力就会越强。毛细血管的数量增加，在使人体新陈代谢得到加快，人体肌肉血流量得到增加的同时，还能够对人体肌肉体积的增加起到一定的促进作用。所以，只要长时间坚持健美方面的训练，就能够使人体的肌肉能量储备得到提高，加快肌肉的物质代谢，从而使人体肌纤维增粗、增多，增大肌肉力量。

二、健美操运动的营养学基础

（一）运动与营养

1. 运动与糖

糖又称碳水化合物，由碳、氢、氧三种元素组成。凡是糖类食物都必须水解成单糖后才能被机体吸收利用。糖的营养功用主要有以下几点：①膳食糖是人类获取能量的最主要、经济、快速的能源物质，机体60%的热能均由它提供；②糖类是构成机体组织的重要成分，并参与细胞的多种活动；③碳水化合物调节脂肪在体内的代谢，并对蛋白质有节约作用；④保证糖的供给，在一定程度上可保护肝脏免受有害因素的损害，并可保持肝脏的正常解毒功能；⑤摄入含碳水化合物丰富的食物，容易增加饱腹感。

糖是人体生命过程中必不可少的重要营养物质，主要作用是提供能量。人体所需能量的50%～70%由膳食中的糖供给，无论身体处于何种活动状态，糖均能氧化分解释放能量。若饮食中缺乏糖，机体就会加速消耗体内的肌糖原和肝糖原从而影响人体的机能状态。因此，人体合理的供糖与机能状态密切相关。

糖在能量代谢中十分重要，是运动中的主要能量来源，对人体运动能力有很大影响。人体内糖的主要贮备形式是糖原，肌糖原约350g，可供给1400kcal热能；肝糖原约 70 ~ 90g，可供给 280 ~ 360kcal 热能；血糖总量约 20g，可供给 80kcal 热能。糖在体内氧化具有产能迅速，耗氧量少，代谢完全、产物不增加体液酸度等优点。因此，糖是人体最主要的供能物质，也是唯一能进行无氧和有氧氧化合成三磷腺苷的营养素，能在任何运动状态下为肌肉提供能量。

在训练和比赛中，运动员每日耗能量依赖于运动量和运动强度。一次 60 ~ 90 分钟的训练课耗能 1000 ~ 1400kcal，要求每千克体重摄能量 50kcal，其中糖供能约占 55% ~ 65%，一般不超过 70%，相当于每日摄糖 500 ~ 600g。运动员能量需要量高，日耗能量大多比未受训练的个体多 2 ~ 3 倍，能量消耗的 40% 以上用于训练。体内糖原贮量与运动能力成正比关系，糖原贮备的减少，不仅使机体耐力下降，而且也使大强度运动时的最大摄氧量降低。运动前补糖可以增加体内肌糖原、肝糖原贮量和血糖的来源。运动中合理地补充糖，可以减少糖原消耗，提高血糖水平，有利于提高运动能力。

2. 运动与蛋白质

蛋白质是生物体的基本组成成分，是机体的主要物质基础，它是由碳、氢、氧、氮四种元素构成的，基本单位是氨基酸。蛋白质不仅是机体发挥生理功能、实现生命活动的重要结构和生物活性物质，还是机体的三大能源物质之一，对运动有其特殊的生理意义。蛋白质的生理功能主要有：①蛋白质是构成细胞、组织和器官的主要材料，维持着人体组织的生长、更新和修复；②参与机体体液调节的许多激素是蛋白质或肽类物质，而机体的新陈代谢也通过各种酶蛋白催化完成，有些可溶性蛋白质还可维持体液的电解质平衡。因此，蛋白质具有调节人体生理功能、催化新陈代谢反应和调节酸碱平衡的作用；③蛋白质是机体三大功能物质之一，在机体长时间运动或饥饿时，氧化供能作用加强；④蛋白质具有免疫保护的作用；⑤骨骼肌中起收缩作用的主要成分是肌纤维蛋白，因此蛋白质还具有运动和支持作用；⑥蛋白质可进行氧、脂类维生素和矿物质的物质转运。人体在运动过程中处于一种特殊的应激状态，身体机能也随之产生一系列的适应性变化。同样，运动中蛋白质的代谢也会因身体机能的变化而变化。

在蛋白质、脂肪和碳水化合物三大营养物质中，蛋白质在运动中供能的比例相对较小。氨基酸氧化可满足运动中 5% ~ 10% 的能量需求。在体内肌糖原储备充足时，蛋白质供能仅占总能量需求的 5% 左右；大部分运动情况下，蛋白质供给总能量的 6% ~ 7%，在肌糖原耗竭时，氨基酸供能可上升至 10% ~ 15%，这取决于运动的类型、强度和持续时间。运动员在开始进行剧烈运动训练的初期，由于对该训练还不能完全适应，从而使细胞破坏增加、肌蛋白和红细胞再生等合成代谢亢进以及应激时激素和神经调节等反应常发生负氮平衡，甚至出现运动性贫血。而经过一段时间适应后氮平衡则得到改善，因此大运动量和运动强度初期应适当加强蛋白质的摄入量。运动训练初期蛋白质摄入量应达到每天 2.0g/kg 体重，生长发育期少年儿童参加运动训练时也应增加一部分蛋白质以满足生长发育需要。根据氮平衡实验的结果，专家提示少年儿童在参加运动训练时蛋白质的摄入量每天应在 2.0 ~ 3.0g/kg 体重之间。

3. 运动与脂类

脂类包括脂肪和类脂，属于人体重要的营养物质，也是体内最多的储能物质。食物中的脂类大部分是脂肪，类脂仅占 5%，体内脂肪不足会影响生理活动，导致内分泌紊乱。体内脂肪具有贮存、提供能量，维持体温，保护内脏器官，分泌多种具有生物活性蛋白的生理功能，同时它还是机体重要的构成成分。食物中的脂肪具有增加饱腹感、改善食物的感官性状、提供和促进脂溶性维生素吸收的功能。

影响运动中脂肪代谢的因素主要有运动强度和运动训练程度。在低运动强度（25% VO_2max）中的脂肪分解产生脂肪酸在供能中发挥重要作用；在中等运动强度（65% VO_2max）中，脂肪组织和肌肉内的脂肪分解最多；但随着运动强度增加到（85% VO_2max）时，总的脂肪氧化减少。系统的运动训练会使骨骼肌线粒体数量、体积、单位肌肉毛细血管密度、线粒体酶和脂蛋白酯酶的活性增加。因此，训练水平高的运动员氧化利用脂肪酸的能力强。在运动强度低于 70%VO_2max 的中低强度长时间运动中，体脂的贮量是非常充足的，一般不存在缺乏的情况，根据脂肪氧化分解释放能量功率较低的特点，它对短时、大强度的运动能力帮助不大，过多脂肪反而成为限制运动能力的因素。

与体内糖的储存不同，脂肪在人体内的储存量很大，一般不存在脂肪缺乏的问题。运动员膳食中，脂肪的供应量一般应占总热量的 30% 左右，脂肪的摄取量按每千克体重 1.5g 为宜，而且应多用磷脂，动物性脂肪不宜超过总热能的 10%。肉碱作为脂肪酸代谢过程中一种酶的组成成分，能促进长链脂肪酸进入线粒体，其广泛分布于新鲜的羊肉、牛肉、猪肉中，牛奶制品、水果和蔬菜中也含有少量的肉碱。

L- 肉碱补剂可提高长时间运动时脂肪酸氧化速率，减少肌糖原的消耗，延缓疲劳。研究报道，每天补充 4gL- 肉碱，可明显提高运动员的最大摄氧量，增强运动耐力，减少短时间大强度运动中丙酮酸和乳酸的堆积，因而对速度耐力也有好处。

4. 运动与维生素

（1）维生素 B_1

在做体力活动时，维生素 B_1 的排出量会下降，该现象被认为是机体消耗量增加所致。食物中维生素 B_1 供给充足时，能促进肌肉中磷酸肌酸和糖原的合成，促进运动后的乳酸消除；而缺乏时，组织中乙二醛酶、乳酸脱氢酶等活性降低，丙酮酸堆积，从而导致运动能力下降。据报道，为使运动员血液中丙酮酸含量保持正常范围，维生素 B_1 的供给量应达到 5 ~ 10mg/d。运动员维生素 B_1 的需要量还与运动项目和运动负荷量有关。

（2）维生素 B_2

从生理功能看，维生素 B_2 参与体内的氧化还原过程，与线粒体和氧化产能过程有关。当维生素 B_2 缺乏时，肌肉无力，耐久力下降，容易疲劳，神经兴奋性过度增加或减弱。维生素 B_2 的需要量取决于机体的代谢强度和生理病理情况，如年龄、性别、体力活动等，运动员的维生素 B_2 供给量一般训练期是 2mg/d，比赛期 25 ~ 3mg/d。

（3）维生素 C

许多研究发现，运动增加机体维生素 C 的需要量。当运动员持续大运动量训练时，体内储备的维生素 C 减少。短时间运动后血液维生素 C 的含量增高，但长期运动后出现下降，在运动情况下，维生素 C 的需要量与热能消耗量的比是增加的，正常人每消耗 4.184kJ 热能需要维生素 C15 ~ 18mg，而进行极限或次极限强度运动时，每消耗 4.184kJ 热能需要维生素 C22 ~ 25mg。因此，运动员维生素 C 的需要量应按照运动强度的加大而相应增加。推荐的运动员维生素 C 供给量是一般训练期 100 ~ 150mg/d，比赛期 150 ~ 200mg/d。

（4）其他维生素

维生素 A 的需要量随机体劳动强度、生理病理情况及需要视力的紧张程度而变化。进行以耐力为主的运动训练时应增加维生素 E 的摄入量，维生素 PP、维生素 B_6 以及维生素 B_3 等与代谢过程密切相关的维生素，它们需要量都应是增加的。叶酸和维生素 B_{12} 参与蛋白质和核酸的代谢，影响红细胞的成熟，因此与机体的氧运输能力有关。由于维生素广泛存在于食物中，一般情况下并不造成缺乏。

5．运动与矿物质

人体内矿物质元素种类很多，其中含量较多的有钙、镁、钾、钠、磷、硫、氯等，还包括微量元素铁、碘、氟、硒、锌等。矿物质并不能作为直接的能量来源，但其重要性在于所有矿物质都要参与机体各种生理过程的协调。运动员的饮食中需要矿物质，以便调节水电解质的交换，保持酸碱的平衡，增强体力和耐力。在训练和比赛中运动员对矿物质的需求比平常高出 3 倍。对健美操运动员来说补充钾、铁和镁的损失是最为重要的。[①]

6．运动与水

水是机体中含量最多的成分，是维持人体正常生理机能的重要的营养素，它主要起运输物质、调节体温、维持正常的渗透压等作用。

当外界温度高于或等于体温时，机体的散热方式是蒸发，即以汗液的形式从体内散热，在此过程中，机体就会不同程度地丢失水分。运动员剧烈或大量运动时，体内能量产生增加，所产生的能量大部分以热的形式排出体外，必然带走大量的水分。因此，剧烈的运动训练和比赛使运动员的水代谢速率高于普通人，尤其是在高温、高湿的环境下进行运动训练和比赛。

人体体液中除含有水分外，还含有大量的电解质，这些电解质对维持体内渗透压平衡和酸碱平衡起着重要的作用。人体在排出水分时也同时排出电解质，为了保持渗透压平衡，在补充水分时要同时补充电解质，即通常说的补液。通过合理补液可以及时补充运动中丢失的水和电解质，从而迅速恢复和维持体液平衡；提供能源，延缓运动性疲劳，维持肌肉做功能力。

---

① 李孟华 . 高校健美操运动与教学研究 [M]. 北京：北京工业大学出版社，2018：34.

（二）竞技健美操运动员的营养分析

1. 竞技健美操运动专项素质及其营养补充

（1）发展力量素质与营养补充

竞技健美操运动要求运动员肌肉有较大的力量和较强的神经肌肉协调性，因此对蛋白质的需求较高，特别是在训练初期，要供给充足的蛋白质。蛋白质供给量应提高到 2g/kg 以上，其供热量占总热的 15% 或更多，其中优质蛋白质至少占 1/3。为了减少体液酸度增加，体内应有充足的碱储备。为了保证肌肉的正常功能，钠、钾、钙、镁等电解质的补充也很重要；蔬菜水果供热量应提高为总热能的 15%。水果的特点是可以不经烹调直接食用，水果中含有大量有益健康的活性物质，如胡萝卜素、黄酮类物质、有机酸等，由于含有糖分，是膳食中能量的补充来源之一；为了更好地发展其力量素质，碳水化合物和维生素的补充也必不可少。同时，健美操运动员可以适当补充肌酸，增加体内磷酸肌酸的储备量。肌酸的补充方法应根据运动员的实际体重严格掌握补充剂量，一般冲击剂量为每天20g，服用 5 ～ 7 天，维持剂量为每天 2 ～ 5g，肌酸最好与葡萄糖同时补充，可以刺激胰岛素的分泌，使肌肉摄取肌酸的效率增加。但是当两者补充量不当时，会引起体重增加和肌肉僵硬两种副作用。

（2）发展速度素质与营养补充

竞技健美操肢体动作速度控制是运动员快速完成基本动作的能力。短时间大强度运动形成的酸性代谢产物在体内堆积，因此，膳食中应含有较多易吸收的碳水化合物、维生素 B_1 和维生素 C。同时，为了肌肉和神经的代谢需要，还应含有较多的蛋白质和磷。

（3）发展耐力素质与营养补充

竞技健美操的训练中，无论采用间歇训练还是采用重复训练，都是为了提高运动员肌肉及身体各器官系统的耐受力，即发展运动员的耐力素质。为了使运动员的血红蛋白和呼吸酶处于较高水平，在运动员营养方面就需要供给较多的蛋白质、铁、B 族维生素和维生素 C。同时，蛋白质对于维持运动中机体的血糖水平具有重要作用，因此要多食用瘦肉、鱼类、猪肝、绿叶菜等含铁高的食物，有助于维持血红蛋白水平，也可预防缺铁性贫血，保证血液运输氧的功能。此外，为了促进肝内脂肪代谢，还应提供一些含蛋氨酸丰富的食物，如牛奶、奶酪、牛肉、羊肉等。

（4）发展柔韧、灵敏素质与营养补充

竞技健美操运动对机体的协调性、柔韧性、灵敏性要求很高，由于技术的要求运动员必须保持适宜的体重和体脂水平。膳食中应有充分的蛋白质，其供热量占总热能的 12% ~ 15%，控体重期间蛋白质供给量应增加为总热能的 15% ~ 20%，膳食脂肪的供给量不宜过高，以保持在总热能的 20% ~ 25% 以下为宜，碳水化合物供能则应在 60% ~ 65%，以免影响体重或体脂。为了保证运动员神经系统高度紧张活动的需要，对维生素、矿物质等营养素的需求较大，膳食中应含有丰富的 B 族维生素和钙、磷等。

2. 竞技健美操训练与营养补充

（1）糖类补充

①运动前补糖：在赛前补充糖时，每千克体重约补充 1g 糖为宜，一次补糖的总量应控制在 60g 之内，补糖量不超过 2g/kg 体重。可在大运动量前数日内增加膳食中糖类至总能量的 60% ~ 70%；在赛前 1 ~ 4h 补糖 1 ~ 5g/kg 体重（宜采用液态糖）；不宜在赛前 30 ~ 90min 内吃糖，以免血糖下降；在赛前 15min 或赛前 2h 补糖，血糖升高快，补糖效果较佳，有利于提高运动员运动能力。

②运动中补糖：每隔 30 ~ 60min 补充含糖饮料或容易吸收的含糖食物，补糖量一般不大于 60g/kg 体重，多数采取饮用含糖饮料的方法，少量多次；也可补充易消化的含糖食物。

③运动后补糖：运动后补糖时间越早越好。理想补糖时间是在运动后即刻、前 2h 以及每隔 1 ~ 2h 连续补糖。运动后的 6h 以内，肌肉中糖原合成酶活性高，可使肌糖原的恢复水平达到最大，补糖效果最佳。

（2）合理补液

①运动前补液：运动前补液的时间和量可根据具体情况而定，应在运动前 30min ~ 1h 开始补液，补充量约 300 ~ 500ml，这样可在体内暂时储存一些水分，对减少运动中体温升高、延缓脱水的发生较为有益。

②运动中补液：为防止运动中过度脱水，除运动前少量补水外，运动中可采取少量多次的方法进行补水。运动中每隔 15 ~ 20min 补充 150 ~ 200ml 的液体，血容量不发生太大变化，机体内环境较稳定，不会增加心脏和胃肠的负担，有利

于生理过程和运动活动的进行。

③运动后补液：运动后及时补液和补充能量可加速机能的恢复。运动后补液采取含糖的电解质饮料效果最佳，补液仍以少量多次为原则，不可暴饮，否则会增加排尿和出汗，使体内电解质进一步丢失，增加心脏和肾的负担，稀释胃液，影响食欲和消化，延长恢复时间。

另外，运动员要避免饮用含碳酸气、咖啡因或酒精的饮料。含碳酸气的饮料易引起肠胃充盈，减少饮用量，而咖啡因和酒精会导致身体丢失体液。

3. 竞技健美操运动员比赛期的营养

（1）运动员赛前营养

健美操运动员在赛前随运动量的减少应相应减少热量的摄取，不吃纤维素多易产生气体的食品及生蔬菜和韭菜，忌食含有刺激、辛辣、腌渍的食品。赛前的饮食和营养补充原则应使运动员获得最佳竞赛能力的体重和体脂水平为主。

赛前应减少对蛋白质和脂肪等酸性食物摄取，增加对碱储备、膳食液体食物的摄取。应避免在赛前食用过多的蛋白质和脂肪食物，因其代谢产物是酸性的，剧烈运动时，糖的无氧酵解会产生乳酸。长时间运动，脂肪分解供能，又会产生酮体之类代谢产物。这些酸性物质在体内大量堆积，会使体液偏酸，促使疲劳提前发生。赛前应多吃碱性食物，如牛奶、土豆、黄瓜、萝卜、海带、水果等，在运动中也要注意补充碱性饮料，因其含有碱性电解质，能够提高体内的碱储备，延缓运动疲劳的产生。

在比赛前的 10 ~ 14 天内做好膳食调整，纠正体内维生素缺乏。虽然过量补充维生素对比赛无作用，但体内如果存在维生素缺乏，纠正缺乏状态将有利于运动员比赛能力的发挥。维生素 B_1 临时服用无效，应在至少 10 天至 2 周前开始补充，每日维生素 B_1 的补充量可为 5 ~ 10mg，大多数食品中都含有维生素 B_1、米糠、麦麸含量最高，小米、绿豆、花生中含量不少；胡萝卜、油菜、菠菜、韭菜中含胡萝卜素很多，动物性食物中以鸡肝、鱼肝含量最高；维生素 C 为 200mg，食物中以新鲜蔬菜、水果等含量最为丰富，如橙子、红果、柿子椒、西红柿、菜花、油菜等含量最多。当然，在长期大强度训练和比赛时期，食物中的维生素不能满足运动机体的需要时，也可从维生素制剂中获取。

（2）赛前一餐的营养

运动员在比赛期中处于高度紧张状态，消化机能较弱，赛前的一餐对于运动员在比赛时的生理状况有很大影响，安排不当会妨碍运动能力的发挥。具体要求是食物口感好，满足热能和体液平衡的需要，体积重量要小，易消化，低脂肪，含少量的蛋白质和充足的水分，富含无机盐和维生素；避免高脂肪和含粗纤维多和易产气的食物，如芹菜、韭菜、大豆等；要高糖、低脂肪、低蛋白膳食，如水果（橘子之类）、淀粉类食物（粉条之类）、绿叶蔬菜、魔芋等；选择含磷、糖、维生素 C 及维生素 B 丰富的食物，保证能源物质动员快，燃烧完全；食用平时已习惯的食物；在比赛开始的 3h 以前完成进餐，膳食包括水果、米饭、鱼肉、熟玉米、面包、含糖运动饮料等。

（3）运动员的赛中营养

竞技健美操比赛中运动员完成一套动作后，体力消耗很大，如果体内的营养储备不能满足需要，就会使肌糖原含量下降，血糖水平降低，体力下降，从而产生疲劳。因此，运动员可摄取一些易消化吸收的液体型或质地柔软的半流食物。而且，在激烈的比赛中大量出汗会使体液处于相对高渗状态，饮料应是低糖和低渗的（即含糖和含盐量低的），15% 的低聚糖饮料在比赛中能收到良好的效果，饮料中应含有少量的钠盐，一般为 18 ~ 25mol/L。

（4）运动员的赛后营养

为了加速比赛后体内肌糖原、酶、电解质、水分及激素水平的恢复，比赛后 2 ~ 3 天内的膳食仍应供给充足的热能，富含碳水化合物和蛋白质，脂肪的含量要低，补充维生素 B_1、维生素 B_2、烟酸和维生素 C、充分的水分和矿物质，特别是钾。液体的补充量应满足体重恢复到赛前水平。在体内能量储备物质的恢复方面，补充糖类食物或含糖饮料的时间越早越好。此外，为促进关键酶浓度的恢复，应补充维生素、微量元素和碱性食物；为加速抗氧化酶的恢复，可补充具有抗氧化性质的天然食物，如大量的新鲜蔬菜和水果。

4. 竞技健美操运动员控制体重的饮食营养措施

健美操项目对运动员的体重要求较高，在托举配合或身体跑动的过程中需单位体重的最大肌肉力量比，能够减少运动中氧耗和能量的消耗。同时，保持良好的体形线条可获得裁判的印象青睐。因此，长期控制体重特别是控制体脂处于较低水平，是竞技健美操运动员在日常训练中需要注意的。

运动员适宜的减体重速度是每周 1kg。处于减重期时应摄取低热量但营养平衡的膳食，每日的热能供给至少应为 1500 ~ 2400kcal，适当补充营养强化剂，加强蛋白质营养，一方面要减少食物中的脂肪，避免黄油或花生，巧克力、油炸食品等含高脂肪的食物；另一方面要保证充足的无机盐、维生素和微量元素，不能过分限制水分的摄入。

三、健美操运动的心理学基础

（一）健美操运动对心理过程的影响

健美操运动参与的心理过程，主要是指在健美操运动训练活动中，练习者心理活动的一系列变化过程，即产生—产生变化—完善。健美操运动锻炼能够对情绪进行有效调节。心理紧张、压抑、焦虑是导致人们患心脏病的首要因素。90%以上头痛的人得的是一种叫"紧张性头痛"病，可见，人的情绪和精神状态对人健康的影响非常大。在有氧运动过程中，人的情绪能够得到放松，感受到成功的喜悦。[①]

（二）健美操运动对个性心理的影响

1. 健美操运动的经常性参与能够对下一代体育态度和行为的形成造成影响

家庭作为社会的基本构成单位，是幼儿最初接触到的生活和教育环境，影响着其性格的形成。父母的行为习惯与态度都时刻对儿童的性格形成造成影响，因此，如果父母能够经常参与健美操运动，那么他们的行为习惯与态度也会直接影响着儿童行为、习惯、态度的形成，这对于儿童体育运动兴趣的培养与行为习惯的养成有着十分重要的意义。

学生在学校接受教育的过程中，性格的形成与发展也会受到健美操理论与实践知识传授的影响。在性格形成的过程中，积极动机的推动与不断的实际执行，可促进性格特征的巩固和形成。

---

① 李敬敬. 健美操健身研究与价值学解读 [M]. 长春：吉林文史出版社，2018：36.

2. 健美操运动能够促进大方、开朗性格的形成

性格并不是一成不变的。在长时间的实践陶冶与锻炼下，人的性格特征也会出现一定的改变。例如，经过长期的健美操训练与比赛以后，较为内向或胆小的学生，在性格方面会发生很大的改变，能够将自己的观点流畅地表达出来。

四、健美操运动的解剖学基础

（一）人体的构成

研究健美操运动的解剖学基础，首先要了解身体各部分的构成。

1. 细胞

（1）细胞的结构

细胞作为人体最基本的组成单位，所在的位置和功能、大小、形态都各有不同。人体内的细胞都需要借助放大仪器才能够看清，最小的细胞——小脑内的颗粒细胞直径只有 4 微米，直径最大的卵细胞可达 200 微米。细胞的形态结构多种多样，有圆形、多边形、立方形和多突变形等。每种细胞都是由细胞膜、细胞核和细胞质组成的。

细胞膜就是细胞表面的一层薄膜，主要由蛋白质、脂类和多糖组成。其主要功能是保持细胞的完整性，有选择地控制细胞内外的物质交换，控制和调节细胞的代谢和生理功能活动；还具有参与细胞的吞噬和吞饮，粘着、支持和保护的作用。

细胞在生命周期内可分为分裂期和间期（两次细胞分裂之间的时期）。细胞核是细胞最重要的组成部分，主要由核蛋白和核酸构成，其中核酸有 DNA 和 RNA 等遗传物质。细胞核主导着细胞遗传信息的传递、蛋白质的生物合成及细胞的繁殖。人体内只有成熟的红细胞没有细胞核。

细胞质是细胞核与细胞膜之间的胶状物质，由蛋白质、脂类、糖、无机盐、酶和大量水分子组成，是细胞进行物质代谢和完成各种功能的物质基础。

除了细胞本身，在这里要介绍一下细胞间质，它存在于细胞与细胞之间，是细胞分化过程的产物。主要有两种形式，一种是无定形的基质，另外一种就是纤维。主要功能是细胞之间的支持、联络、保护以及提供细胞营养、物质转运等。

（2）细胞的功能

①细胞具有对外界环境的反应功能，如肌细胞的收缩、腺细胞的分泌等。

②细胞能够不断地从外界摄取营养物质和氧气，转化为本身所需的物质，同时又不断地排出废物和二氧化碳。正是由于细胞不断地进行新陈代谢，才得以保证人的生长和发育。

③细胞能够通过生长来不断增加数量。随着细胞的不断生长，细胞核逐渐被拉长，中间部分变细，细胞质也向两端移动，最后分裂成两个新细胞。细胞的繁殖对人体的生长和伤病的恢复有至关重要的作用。

2. 组织

组织就是由许多形态和功能相类似的细胞和细胞间质按一定的方式组合在一起，完成一种或多种机能的结构。人体的组织分为四大类：上皮组织、结缔组织、肌肉组织、神经组织。

（1）上皮组织

上皮组织由密集的细胞组成，细胞的形状较规则，细胞间质少。它覆盖于人体的外表面或衬在体内各种囊、管、腔的内表面。上皮组织具有保护、吸收、分泌与排泄等功能。位于身体不同部位和器官的上皮组织常以某种功能为主，如皮肤上皮以保护为主；肠上皮和肾上皮主要为吸收和排泄；而腺上皮的功能主要是分泌等。此外，另有少数上皮组织经特殊分化，具有特殊功能，如肌上皮具有收缩能力；能感受特定的物理或化学性的刺激，称为感觉上皮细胞，如前庭器与味、嗅、视、听觉上皮等。根据上皮组织的分布、形态结构和功能的不同，分为被覆上皮、腺上皮和感觉上皮。

被覆上皮是按照上皮组织的细胞层数和细胞形状进行分类的，主要分布于身体的体表、体腔和空腔性器官的内表面，主要功能有保护、吸收、分泌和排泄等。

具有分泌功能的上皮细胞统称为腺上皮。腺上皮的位置不定，有的腺上皮位于被覆上皮之内，有的则深陷于被覆上皮之下的结缔组织中，有的形成独立的腺器官。其主要具有参与调节人体的新陈代谢、生长发育和对外环境的适应性等功能。

感觉上皮是由某些上皮细胞特殊分化而形成，主要存在于特殊的感觉器官内，如视上皮、听上皮、味上皮和嗅上皮等。

（2）结缔组织

结缔组织是由细胞和大量细胞间质组成，但细胞成分少，细胞间质成分较多，具有连接、支持、营养和保护的作用。结缔组织是机体内分布最广泛、种类最多样化的基本组织。该组织的种类很多，形态各有不同，功能也较复杂，但它们所具有的共同点就是细胞种类多、数量少、分布稀疏而无极性；细胞间质多，内中包括均质的基质和细丝状的纤维两种成分。基质可呈液体、胶体或固体状；纤维可有胶原纤维、弹性纤维和网状纤维三种。

韧带与柔韧素质相关，因而在健美操运动中有着重要作用，属于可弯曲、纤维样的致密结缔组织。韧带是使人的各骨块相互联结的结缔组织索状物，与弹性纤维紧密并行。韧带附着于骨骼的可活动部分，会限制这部分的活动范围。韧带虽然可以被弯曲，但是超过其生理弯曲范围，就会导致韧带的延长或断裂。

韧带在关节周围（囊外韧带）或者关节腔内（囊内韧带）等部位较多，其走向平行抗拉伸力强，并具有一定的弹性。韧带能加强和维护关节在运动中的稳定性，并限制关节过度拉伸。当遭受暴力，产生非生理性活动，或者韧带被牵拉而超过其耐受力时，就极可能导致韧带损伤。

韧带既限制膝关节的活动范围，又引导膝关节按照一定的规律进行运动，起到制导作用。下面对韧带的限制作用和制导作用做简要分析。

①韧带的限制作用。在韧带内有无髓神经纤维。健美操运动时，韧带受到一定的张力刺激，感觉就由神经传入，即反射性地引起相应肌肉的收缩，以限制膝关节的活动，保持关节的稳定，这个过程称为韧带肌肉反射。若是肌肉控制失效，则只有韧带的机械性限制作用。韧带的限制作用是协同的，既与有关肌肉协同，韧带组合之间也相互协同。

②韧带的制导作用。交叉韧带与半月板，内、外侧半月板之间均有韧带纤维紧密组织相连，在膝关节内形成一个类似"8"字形的结构，共同维持膝关节在三个轴相的运动稳定。同时，其能够使前、后交叉韧带相互交叉，位于关节中心，这和骨性结构的解剖特点相辅相成，共同制导膝关节按照一定的方向，从而保证健美操运动的动作准确稳定。

（3）肌组织

肌组织的细胞细而长，又称为肌纤维，具有收缩和舒张两种对立统一的功能，健美操中的各种动作都是依靠肌组织的收缩和舒张来实现的，它是人体运动的物质基础。肌组织又称肌肉组织，主要由大量的肌细胞构成，广泛分布于骨骼、内脏和心血管等处。肌组织由有收缩能力的肌细胞组成，细胞间有少量的结缔组织、神经和血管等，对肌组织起保护、联系、营养及支配等作用。根据肌纤维的结构特点不同，肌组织可区分为骨骼肌、心肌和平滑肌三种。

骨骼肌多数借助肌腱附着在骨骼上，分布于躯干和四肢的每块肌肉均由许多平行排列的骨骼肌纤维组成。骨骼肌纤维是一种长柱形的多核细胞，核呈扁圆形，肌膜的外面有基膜紧密贴附。一条肌纤维含有很多的细胞核，从几十到几百不等，位于肌浆的周边，即肌膜下方。

心肌分布于心脏和邻近心脏的大血管近段。心肌收缩具有自动节律性、缓慢而持久、不受意志支配、不易疲劳等特点。心肌纤维呈短柱状，多数有分支，相互连接成网状。心肌纤维的结构中的肌原纤维不像骨骼肌具有规则的排列。肌丝被少量肌浆和大量纵行排列的线粒体分隔成粗、细不等的肌丝束。横纹也不如骨骼肌的明显，横小管较粗，肌浆网比较稀疏，纵小管不发达，终池较小，也比较少。心房肌纤维不光具有收缩功能，还有内分泌功能，可分泌心房利钠尿多肽或称心钠素，具有排钠、利尿和扩张血管、降低血压的作用。另外，少数经过特殊分化而形成具有传导冲动功能的特殊心肌纤维参与心脏传导系统的构成，这些纤维具有维持心脏自动且有节律性搏动的功能。

平滑肌又称为内脏肌，主要分布于血管壁和众多内脏器官。平滑肌的收缩较为缓慢和持久。从上述可知骨骼肌与心肌纤维都有明暗相间的横纹。其中骨骼肌一般都通过肌腱附于骨骼上，由于横纹更明显，故又称横纹肌；而心肌则构成心脏。平滑肌则没有横纹存在于内脏与血管壁。从机能的角度来说，骨骼肌收缩力强，收缩迅速，但耐久力不好，容易疲劳，其活动受意识控制，也叫作随意肌。

（4）神经组织

神经组织是由神经元即神经细胞和神经胶质细胞组成。

神经细胞是高度分化的细胞，既是构造单位，又是功能单位，因此称之为神经元。神经元是由细胞膜、胞体、树突和轴突组成。神经元的细胞膜是可兴奋膜，它在接受刺激、传播神经冲动和信息处理中起着重要作用。

突触在神经元传递信息的过程中有着不可替代的作用，它是神经元与神经元之间，或神经元与非神经细胞之间的一种特化的细胞连接，通过它的传递作用实现细胞与细胞之间的通讯。

神经胶质细胞数量多，神经胶质细胞与神经元数目之比为 $10 : 1 \sim 50 : 1$，广泛分布于中枢和周围神经系统中。神经胶质细胞与神经元的胞突不分树突和轴突，没有传导神经冲动的功能。

神经纤维是由神经元的长轴突外包神经胶质细胞所组成。根据包裹轴突的神经胶质细胞是否有髓鞘，可将其分为有髓神经纤维和无髓神经纤维两种。中枢神经系统的白质和周围神经系统的脑神经、脊神经和植物性神经都是由神经纤维构成的。加上周围神经系统的神经纤维集合在一起，构成神经，分布到全身各器官和组织中。

周围神经纤维最终终止于身体各个组织和器官内，就形成了形式各样的神经末梢。根据它们的功能不同，可以分为感觉神经末梢和运动神经末梢两种。感觉神经末梢是感受器的组成部分，感受器是对内、外环境的变化的各种刺激产生感觉的器官。运动神经末梢是运动神经元的长轴突分布于肌组织和腺体内的终末结构，支配肌纤维的收缩和腺的分泌。

神经组织是在感受体内外的刺激和传导冲动，它在神经组织中起支持、绝缘、保护和营养的作用。神经组织分布在身体内的各个角落，各部分的神经组织构成了人体内完整的神经系统。

3. 血液

血液的组成成分包括：红细胞、白细胞、血小板和血浆。

红细胞由红骨髓产生，经过数个阶段成熟后，红细胞呈直径约为 $8 \sim 15$ 微米的双凹的圆盘形无核细胞，细胞胞质内含丰富的血红蛋白，为红色。它具有运输氧气和二氧化碳的机能，寿命为 $100 \sim 120$ 天，在身体血液内的含量成年男性每立方毫米约含有红细胞 $450 \sim 500$ 万个，女性约含 $400 \sim 450$ 万个。血红蛋白的含量在每 100 毫升血液中男性为 $12 \sim 15$ 克，女性为 $11 \sim 13$ 克，凡红细胞和血红蛋白含量低于上述标准者为贫血。

白细胞是一种不含血红蛋白的无色有核细胞，个体比红细胞大，但数量相对于红细胞要少得多，成年人每立方毫米血液中约 $4000 \sim 10000$ 个，当患有感染性疾病时，数量会增加。白细胞具有吞噬病菌、病毒的免疫作用。

血小板是由红骨髓中巨核细胞成熟后，细胞质伸出的许多突起的尖端脱落形成的，其形态不同，可呈圆形、椭圆形或不规则形，寿命为 7 ~ 14 天，每立方毫米的血液中约有 15 ~ 30 万个，具有止血和凝血的作用。

4. 系统

具有一定形态、能够完成一定的生理机能的几种不同组织的结合形成器官，由许多器官联系起来，共同完成一定的生理功能，这些器官的总和称为系统。人体共分为九个系统：运动系统、呼吸系统、消化系统、泌尿系统、生殖系统、循环系统、内分泌系统、感觉系统、神经系统。

（1）运动系统在人体结构中占有非常重要的位置，运动系统的发展对于身体其他系统有着重要影响。人体的运动系统由骨骼、骨连接（关节）、肌肉三部分构成，约为体重的58%，是人类运动的物质基础。人体全身共有肌肉 600 余块，约占体重的40%，是运动的动力，在神经系统的支配下完成各种动作。骨骼是人体的支架，它与肌肉共同构成人体的外形和体腔壁，以保护其中的器官。成年人约有 206 块骨头，约占体重的1/5。骨与骨的连接构成了人体的杠杆系统，即骨架，肌肉附着在骨架上，在神经系统的支配下，肌肉收缩，牵动骨骼产生各种运动。运动系统，顾名思义具有运动的功能，另外运动系统还具有支持和保护的功能。

（2）呼吸系统是由鼻、咽、喉、气管、支气管和肺组成。空气通过呼吸道进入肺部，在肺泡进行气体交换，获取生命活动中所必需的氧气，同时将体内新陈代谢过程中所产生的二氧化碳排出体外。在临床上把鼻、咽、喉称为呼吸道，把气管、支气管和肺内各级支气管称为下呼吸道。呼吸道具有较强的防御作用，以防止外部环境中的异物颗粒和病菌进入体内损害机体健康。

（3）消化系统主要由消化管和消化腺组成，消化管由口腔至肛门粗细不等的弯曲管道构成，包括口腔、咽、食管、胃、小肠（十二指肠、空肠、回肠）、大肠（盲肠、结肠、直肠）。消化腺则包括唾液腺、肝、胰及分布在各段消化管内的小腺体。该系统的主要作用就是为了帮助人体消化食物、吸收营养物质和排出粪便。消化系统是保证人体新陈代谢正常进行的重要系统。

（4）泌尿系统由肾、输尿管、膀胱、尿道组成，主要是为了排除人体内的代谢废物，如尿酸、尿素和多余水分等。它是人体代谢产物最主要的排泄途径，对于保持人体内环境的动态平衡、水的代谢和酸碱动态平衡有着重要作用。

（5）生殖系统根据性别的不同结构也不同。男性生殖器官由内生殖器和外生殖器组成，内生殖器由睾丸、附睾、输精管、射精管和泌尿系统共用的一部分尿道组成，外生殖器由阴茎和阴囊组成。附属腺体包括精囊腺、前列腺和尿道球腺。女性内生殖器官包括卵巢、输卵管、子宫、阴道等。卵巢就是生产卵细胞的器官，也是分泌女性激素的内分泌器官。生殖系统的主要作用就是产生生殖细胞，繁衍后代。

（6）循环系统是以心脏为枢纽，以及与其相延续的一系列密闭管道连接而成，由于管道内流动的液体成分不同，可分为心血管系统和淋巴系统两个部分。心血管系统由心脏、动脉血管、毛细血管和静脉血管组成，其管道内含有不断循环着的血液。心脏是血液在血管中循环的动力器，起着泵血的作用。淋巴系统是循环系统的组成部分，由淋巴管道、淋巴器官和淋巴组织组成。淋巴系统管道内流动着淋巴液，它是心血管系统的辅助管道，两者互相交通，最后淋巴液流注到静脉中；淋巴器官主要具有产生淋巴细胞，过滤淋巴液和参与机体免疫反应等功能；淋巴组织则主要分布在消化道、呼吸道等处，具有防卫功能。淋巴结大小形态不一，是淋巴系统的过滤器，具有机体防御的功能。

（7）内分泌系统是全身的内分泌腺，是在结构上互相不连续的系统，它是神经系统以外的又一个重要的机能调节系统。通过体液调节身体内的新陈代谢、生长发育和对外界环境的适应。设有各种排泄管道的腺体，主要分泌物就是激素。激素是一种高效能的物质，能够直接进入到血液或淋巴，借助循环系统运至全身，以调节机体各项功能。

（8）感觉系统其实是身体内神经系统的一个分支，是人体与外界环境交流的重要器官，在这将单独列为一个系统。感觉系统是人体内的特殊感受器，结构包括感受器和附属器。人体内广泛地分布着各种各样的感受器。感受器的功能是接受来自机体内、外环境各种不同性质的刺激，通过换能作用，将刺激能量转化为神经冲动。如通过眼睛感觉色彩变化，通过口腔味觉感受食物酸甜苦辣的变化，通过耳部听觉感受声音的高低频率等。感觉系统能够接受环境的特定刺激，并将刺激转化成神经冲动，通过一定的传导途径，传到大脑皮质的特定区域，产生相应的感觉。皮肤作为人体最重要的感觉器官，除了具有感觉功能外，还有保护身体、调节体温、分泌、排泄和吸收的功能。

（9）神经系统是人体中占有最高统帅地位的系统，由颅腔内的脑、椎管中的脊髓，以及脑神经和脊神经的周围神经组成。它具有调节和控制人体内所有器官系统活动，使之成为一个有机整体的功能。在调节和可控制的过程中还要借助感受器，接受内外环境的各种刺激，通过各级中枢的整合分析，调节机体内环境的平衡以适应外界环境的变化，保障生命活动的进行。而且神经系统不仅可以被动地适应外界环境的变化，还可以主动地认识客观世界，形成自己的世界观，从而改造客观世界，这是人类神经系统最主要的特点。

（二）健美操运动对人体结构的影响

1. 对肌组织的影响

（1）增大肌肉体积

通过健美操运动能够让人体的肌肉体积增大。不同的健美操运动项目对肌肉体积增大的影响不同，肌肉体积增大的原因是由肌纤维粗细和肌纤维数目增多造成的。

（2）减少肌肉脂肪含量

一般在活动不多的情况下，肌肉表面和肌纤维之间有脂肪堆积。肌肉内的脂肪在肌肉收缩时会产生摩擦，因而降低了肌肉收缩的效率。通过健美操运动，特别是健身健美操运动，可以减少肌肉的脂肪，从而提高肌肉的收缩效率。

（3）扩增肌肉毛细血管数量

健美操运动可以使骨骼肌内的毛细血管在数量或形态上都有所改变，肌纤维之间的毛细血管平均分配数量在健美操运动后增多。肌肉中毛细血管的增多改善了骨骼肌的血液供给，从而提高肌肉的工作能力，有利于肌肉长时间紧张持续地活动，延缓肌肉疲劳。

（4）肌肉内成分发生变化

长期坚持健美操运动，肌肉组织内的化学成分可发生变化，如肌糖原、肌球蛋白、肌动蛋白、肌红蛋白、水分等含量均有所增加。肌球蛋白和肌动蛋白决定着肌肉的收缩能力，这些物质的增多对肌肉收缩能力的提高具有促进作用，而且还使三磷腺苷（ATP）酶的活性加强，加快了分解速度，及时供给肌肉能量。肌红蛋白可以与氧结合增加肌肉内氧的储备量，使肌肉在耗氧量很大的情况下，有利于肌肉继续工作。肌肉内水分增加，有利于肌肉内氧化反应的进行，有助于肌肉力量的增长。

（5）肌肉延迟性疼痛

许多人参加健美操运动后发现，在锻炼完后并没有感觉肌肉的酸痛，但是在第二天或第三天便会出现酸痛症状，持续 2 ~ 3 天后才逐渐缓解，这种疼痛叫作延迟性肌肉疼痛。肌肉延迟性疼痛一般是在运动后 24 ~ 72 小时达到酸痛顶点，5 ~ 7 天后症状消失。除酸痛症状外，还有肌肉僵硬，轻者仅有压疼；重者会出现肌肉肿胀，妨碍活动。任何骨骼肌在激烈运动后均可发生延迟性肌肉疼痛。

2. 对骨形态结构的影响

健美操运动中经常会有跳跃性的动作，跳跃动作会导致胫骨发生变化，前缘骨壁增厚非常明显，而且在掌骨干（在支撑动作中）承受负荷，因此，骨干部变化较大。经常性地进行跳跃对跖骨和趾骨也有较大影响，各跖骨和近节趾骨的长度、横径及骨壁厚度均大于一般大学生；第 Ⅱ 跖骨内侧壁最厚，厚度以此为中心，向内外两侧递减，而第 Ⅰ 跖骨壁厚度为外侧壁大于内侧壁。

对于其他的骨形态结构，骨周围肌肉活动得越多，骨在尺度上增长得越明显。一般来说，长期、系统、科学地从事健美操运动训练，可使骨密度增厚，骨径变粗，骨面肌肉附着处突起明显，骨小梁的排列随张力和压力的变化更加清晰而有规律。健美操运动增强骨的新陈代谢，改善了血液循环，从而在形态结构上产生良好的适应性变化。随着形态结构的变化，骨变得更加粗壮和坚固，提高了抗弯曲、抗压缩和抗扭转的能力。

经常进行健美操运动还能让韧带在骨骼上的附着部位变得更粗壮，这都有利于肌肉、韧带更牢固地附着在上面。所有这些变化对骨骼承受外力都具有很好的作用。经常参加健美操运动，机械力对骨中的钙质沉积又有极其良好的作用，所以，大学生经常参加健美操运动不仅有助于身体长高，而且可以增加骨的峰值骨量。所谓峰值骨量，是指一生中所达到的最大骨量。通常从出生到 23 岁左右骨量持续增长，年增长率男大约为 2.2%，女大约 1.9%，从 23 到 30 岁，骨量仍缓慢增加，年增长率约 0.5% ~ 1%，超过 30 岁骨量达高峰，以后随年龄增加而逐渐减少。[①]

---

① 崔云霞 . 健美操运动的理论研究 [M]. 长春：吉林出版集团股份有限公司，2018：129.

3. 对关节形态结构的影响

系统的健美操运动让骨关节面的骨密质增厚，从而承受更大的负荷。短时间的运动可使关节软骨肿胀，运动停止后肿胀消失。有研究显示，这种关节软骨的增厚是由于软骨基质和细胞吸收液体的结果。

软骨是一种黏弹性材料，内有孔隙，组织间隙充满了液体，在应力作用下，这些液体可流进或流出软骨组织。这是无血管组织获得营养的重要途径，适宜的运动创造了这种环境，为软骨获得养分并经久不衰提供了条件。健美操运动可以使肌腱和韧带增粗，在骨附着处直径增大，胶原含量增加，单价体积内细胞增加。

（1）增强关节的稳固性

经常参加健美操运动，关节周围的肌肉力量增强，关节软骨和关节囊增厚，韧带增粗，增强了关节的稳固性。在骨附着处直径增大，胶原纤维量增加。

（2）增大关节的运动幅度和灵活性

通过健美操运动，参与关节运动的原动肌力量得到增强，对抗肌的伸展性提高，同时关节囊、韧带的伸展性也得到提高，故关节的运动幅度增大、灵活性提高。

在进行伸展性健美操练习时，关节运动幅度增大，提高了关节的灵活性，但是只能保持 8 ~ 10 周，长期不活动会降低关节运动的幅度和灵活性。因此，要长期坚持健美操运动。

关节的稳固性和灵活性看似是一对矛盾体，肌肉力量大，韧带、肌腱、关节囊增厚，对关节稳固性和防止关节损伤有利，但给关节的灵活性带来一定的影响。因此，在健美操运动中要处理好关节的稳固性和灵活性的关系，即在发展肌肉力量的同时，要配合发展其伸展性动作的练习，使关节的稳固性和灵活性得到同步的发展。

第二章 健美操内容设计与运动教学

第一节 健美操形体教学的内容设计

一、高校健美操形体教学内容设计的依据

（一）健美操与健美操形体训练的特征与关系

1. 健美操项目的特征

健美操是集音乐、舞蹈、体操、美学于一体的新型体育项目，它以其自身固有的价值和魅力，深受广大青少年学生以及人们的喜爱。目前，健美操已被列入我国学校体育教学大纲，成为学校体育教学的主要课程之一。基于健美操项目特征，为了使健美操项目特点的理论研究更加具体全面，于是在前人研究成果的基础上，并结合自己的观点，做了以下论述。

（1）融健身、健心、健美于一体。健美操以健身为基础，根据人体解剖学、运动生理学、体育学等多学科理论，为使人体更健康更健美的目的而编排的。健身健美操的动作创编都是根据人体的解剖结构和身体机能的适应性来设计的，动作结构一般都是由下至上或由上至下、由外至内或由内至外、由局部到整体或由整体到局部有序安排的，不仅便于记忆，而且遵循人体的活动规律，而强度和幅度则是由小到大，这样不仅不会使学生在练习健美操动作时造成急性损伤，还能提高学生的身体素质。同时，健身性健美操的动作编排是左右对称的，正因为健美操的左右对称性特点，才能使机体各个部位得到充分锻炼，使人体均衡和谐发展。健美操作为一项有氧运动项目，长期锻炼会防止身体脂肪堆积，达到塑造形体的效果。因此，健美操是一项对人的身心影响较为全面的健身运动，它不仅注

重外在美的锻炼，还强调内在美的培养。

（2）鲜明的节奏感和韵律感。在健美操运动中，健美操动作刚劲有力，节奏鲜明强劲。健美操音乐旋律清晰，活泼轻快，音乐节奏中有高低、长短、强弱、快慢等变化，使健美操动作更富有一种鲜明的现代韵律感，在练习的过程当中使人产生一种轻松愉快的感觉。

（3）广泛的群众性。健美操能够深得广大群众的喜爱，是因为适应群众性的特点。健美操的练习对象不受年龄、性别等因素的限制，在不同的练习条件和环境下，其要求技能不同，练习内容和负荷程度可根据自身情况酌情进行选择和调整，因此，健美操运动能够最大程度地满足不同层次人群的需要。

2．形体训练的特征

形体是指人体结构的外在表现，具体来讲就是人体的外形，包括体型、姿态等。形体训练就是一个通过徒手或器械的练习锻炼身体、塑造体型、训练仪态，培养道德品质的一个有目的、有计划、有组织的教育过程。形体训练与其他项目比较，具有不同的特点。第一，内容和方法多种多样，适合不同水平的练习者。形体训练的内容是在人体解剖学、心理学、运动训练学、运动生理学、美学理论指导下进行的，可根据不同的年龄和不同的性别、不同的体型和体质、不同的训练目的和自身水平，使用不同的训练方法。它不仅有利于身体局部练习的单个动作，还有利于形体练习的健身系列、成套动作以及整体形象塑造和礼仪训练。第二，具有一定的艺术性。形体训练的内容主要以舞蹈形式体现出来，在音乐的伴奏下，展现出了运动的艺术表现力和感染力，激发运动员练习的激情，使人在练习中更加愉悦。第三，具有灵活性。形体训练可以借助各种辅助器械，也可进行徒手练习。练习方式多种多样，可以是个人的练习，也可以是集体的练习，并且同一时间内，根据学生的年龄、性别、体质状况，可以选择不同的器械和场地等进行分散性练习。它不受场地、器材、时间安排限制，只要健身者有计划以及科学合理地安排训练，就能达到健身者想要的效果。

3．健美操与形体健美操的内在联系

健美操与健美操形体有着相辅相成的密切关系，通过对练习者进行健美操形体的练习可以使练习者更准确、更有效去完成健美操动作。而通过健美操的练习，也可以促使练习者的形体发展。虽然健美操与健美操形体有着密切联系，但它们之间却不能等同，健美操是在动感的音乐节奏下进行各种跳跃、转体、劈叉等难度动作，是一项对练习者有较强的身体负荷的有氧运动，节奏感较强，对练习者的身体素质，肌肉力量、关节的灵活性和软开度、心肺耐力、肢体和身体协调等各种身体姿态，有着较高的要求。而健美操形体训练对练习者的头、颈、胸、腰、胯、臀、膝、臂、手、足等均有细腻的要求，帮助练习者在完成健美操动作时纠正肩、胸、腿的不良姿态，使身体端正、挺拔，以健美的形体、优雅的姿态，完成健美操技术动作，健美操形体训练内容自始至终贯穿于健美操项目的技术当中。因此，把杆、垫上、波浪、转体等形体套路练习帮助学生在完成健美操动作时，对腿部感觉、柔韧、协调性以及落地技术的练习也起到了很好的促进作用。

（二）高校健美操课堂的特点

1. 普通高校学生身心特征

目前我国普通高校都开设了健美操课，通过课堂学习来锻炼和提高动作的质量和改善学生的形体姿态，健美操形体练习对学生生理、心理需求以及社会适应需求的满足都起到积极的作用。

其一，从生理角度上来看，普通高校学生平均年龄在 18 ～ 22 岁之间，是人体生理结构发生变化的重要时期。例如，骨骼、肌肉成分发生变化，关节灵活性和柔韧性降低，男性肌肉体积增大，女性脂肪细胞逐渐堆积等，因此这个阶段也是普通高校学生接受形体练习的较佳时期。但是参加健美操课的学生的基本素质不同，身体和体能都存在一定的差异，多数学生从来没有接触形体或者健美操类的学习经验。由于这些问题的存在，所以在课堂教学中就会发现，学生手臂的伸展动作都做不到位，难以准确控制肌肉的动作路线和方向，甚至站姿等都会存在错误。要解决这一问题，光凭一套或几套健美操的教学显然是难以实现的，只有在健美操练习中加入适当的形体练习，才能让教学效果事半功倍。

其二，从心理角度上来看，现代大学生在生理变化的同时心理也发生很大的变化，对于刚成年的学生来说，他们更需要美的感受，需要良好的形体，希望自己的身体更加挺拔。大学生心理过程相当活跃，不稳定因素占主要成分，新鲜事物很容易引起他们的兴趣，在健美操课堂中他们比较喜欢接受动作快、动感强的动作。普通高校学生体育基础较差，表现力量、耐力、柔韧性以及协调性差，他们大多数都是第一次接触健美操练习，而对健美操的理解与动作的掌握不是短时间内就能领悟到，所以学生在重复练习动作时，会因学习效果不明显而变得急躁，甚至会产生厌学的情绪，因此，针对学生的协调、模仿能力较差的状况，在健美操课堂中加入形体练习，不仅能提高学生的学习兴趣，还能提高教学质量。

其三，从学生自我意识上看，在健美操课堂上，鉴于学生的自我意识相当显著，教学内容的重心不仅仅局限于健美操的专业技术掌握，更延伸至学习者的个人行为规范、自我分析与评估，以及与他人之间的互动。因此，教师在教学过程中的职责不只是使课堂氛围更为活跃，促进学生良好心理素质的培养；他们还负有引导学生建立与同伴、教师乃至社会环境之间和谐关系的意识的任务。这种教育模式不仅有利于学生个人能力的全面发展，也为营造一个更加和谐的学习环境提供了支撑。

2. 普通高校健美操教学的特征

从普通高校健美操教学的内容来看，普通高校健美操教学不仅涵盖了基础体能训练、基本健美操动作技巧的学习，还包括了音乐节奏感的培养、编排创新的能力训练，以及与健美操相关的理论知识教育。这样全面的教学内容旨在不仅提升学生的体育运动能力，更重要的是培养学生的艺术审美能力、创新思维和团队合作精神。在这个基础上，普通高校健美操教学还强调学生个性的发展和自我意识的提升，鼓励学生在学习过程中自我探索和自我超越，以达到身心的和谐发展。因此，普通高校的健美操教学不仅是一种体育技能的传授，更是一种全人教育的实践，旨在帮助学生在全面发展的同时，能够更好地融入社会，成为具有创造力和社会责任感的现代人。

从普通高校健美操教学方法来看，普通高校学生正处于生理机能成熟高峰期，他们思维敏捷，精力旺盛，兴趣广泛，由于长期受传统教学思想的影响，在健美操教学中，大多数过于强调教师的主导作用，而忽视学生的主体作用。在教学中，教师大多采用的是讲解、示范、重复动作并且给予纠正错误等基本方法，对高校健美操教学方法的研究并没有把普通高校健美操教学方法与体育院系的专业练习健美操教学方法区别开来，对普通高校健美操教学方法没有较强的针对性，导致学生对健美操课兴趣不高，这不利于学生的身心发展。

3. 普通高校学生健美操形体教学特征

对高校健美操形体教学的研究大多都集中在把杆练习、地面练习以及基本手位和脚位等方面的基本舞步练习。一方面，在选择内容上主要是借鉴了传统的形体练习方法，如采用的把杆、手位与脚位等动作，大多数来自芭蕾形体动作。而地面上的形体练习，主要集中在腿部柔韧和综合力量素质练习，在一定程度上可以提高学生的肢体与形体感觉，但是缺少创新。例如，把杆形体练习缺少身体和手臂的感觉，基本手位、脚位过分强调技能而显得单调、枯燥乏味，地面形体练习主要集中在了腿部，缺少对音乐的敏感度，对身体练习也不够全面，不利于新时代学生身心发展的需要。另一方面，形体练习的作用具有广泛性和普遍性的特点，但普通高校学生健美操形体练习应区别于体育院校的形体练习，应具有其独创性。目前大多数普通高校健美操课堂采取的形体练习都是体育院校的形体练习，这虽然在对健美操的竞技技术动作掌握方面有一定的促进作用，但这并没有考虑到普通高校学生和专业健美操学生在心理、生理和运动基础上的差异性，教学内容对普通高校学生的需求有效性和针对性不强，且过分强调技能，没有针对普通高校学生呈现多样化的特点来进行健美操形体教学。

（三）健美操形体教学在健美操课堂教学中的作用

1. 提高学生上课的积极性

形体练习与健美操教学的结合，提高了学生学习的积极性。普通高校学生身体素质参差不齐，所以多数学生不知如何才能充分展现自己的形体美，在练习健美操时，也不能深入体会健美操项目对练习者所要求的各种技术，动作很难做到位，学生因此产生消极情绪。而形体练习动作简单大方，学生在动作的感觉和力度上都较容易接受，也比较容易做到位，并且结合了各种学生喜欢的流行性因素，在音乐的伴奏下进行练习，正符合了当代学生的兴趣。因此针对学生协调、动作模仿能力差的状况，在健美操课堂中穿插健美操形体练习，不仅可以活跃课堂气氛，还可以提高学生的学习热情。

2. 提高学生的基本身体素质

健美操形体练习是在音乐的伴奏下，充分体现学生各种形体美和健美操的技术特征，并且可反复、长时间进行的一种练习，在强度适中的前提下，它符合有氧运动的特点，通过练习能够提高呼吸系统的换氧功能，增加肺的容积、通气量和肺供能，从而提高学生的有氧耐力。在进行形体练习时，是头颈、肩、手臂、躯干和四肢结合，有静有动，有快有慢，有方向的变化，有位置的移动，还有空间的转换，利用对称的组合由简单到复杂地进行练习，这种不同形式的穿插，锻炼了学生身体的协调能力，也提高了学生的创造性思维。健美操形体练习还可以锻炼学生的肌肉力量和身体柔韧性，通过提踵、下蹲、踢腿等动作锻炼了脚踝、膝盖以及大、小腿的肌肉力量，塑造了腿部线条，利用控腿、立转等动作锻炼了学生腿部控制能力和平衡力。因此，健美操形体练习不仅可以使学生锻炼出好的形体，还为竞技健美操打下了坚实的基础。

3. 增加健美操课堂色彩

健美操课堂的准备活动包括一般性准备活动和专门性准备活动。由于受场地的限制和健美操课程本身的需求，健美操课堂大多以室内形式上课，传统的普通健美操课堂采用的准备活动无非把杆压腿和踢腿、垫上压腿和踢腿、行进间的脚位练习，这都直接借鉴了专业体院院系学生进行竞技健美操练习前的准备活动，这种带有竞技性的准备活动明显不适应当代普通高校学生生理和心理特点。其次，健身健美操是一项中小强度、长时间且全身性的有氧运动，在完成健美操套路的过程当中体现了关节的灵活性、肌肉的拉伸程度和爆发力。健美操形体练习动作简单大方，强度不会特别大，但是它具有全面性，有针对关节灵活性和柔韧性的练习，也有肌肉力量的练习，让每个形体练习都源自健美操专项技术特点，遵循了强度适中原则和循序渐进的原则，使学生在正式练习健美操前做好充分的热身准备，不会因为突然练习带有强度的健美操造成关节扭伤以及肌肉、韧带拉伤。

（四）形体教学内容选择的原则

1. 循序渐进原则

针对普通高校学生的特点，为了使学生尽快掌握教学内容，且不会因为突然强度过大而造成的运动损伤，在编排健美操形体教学套路时，动作的结构、强度、节奏等，都应该遵循循序渐进的原则。普通高校学生不像体育院校学生那样经过专门的身体素质练习，一开始就进行幅度和强度较大练习，会造成学生身体负荷过大，体力不支，影响接下来的健美操教学。在健美操形体教学时更不能一开始就进行复杂的动作练习，对在这方面缺乏训练的普通高校学生来说，反复练习同一个动作都没办法学会，这样直接降低了学生的学习激情，进而影响到教学质量。因此，在健美操形体套路设计过程中，应该遵循着动作幅度由小到大、节奏由慢到快、动作由简单到复杂的循序渐进的原则，且每一个技术动作为下一个动作打下坚实的基础。

2. 科学合理性原则

健美操形体练习应该讲究科学合理性，在动作的编排上要遵循左右对称和均衡发展，使身体的各个关节和肌肉都能得到充分锻炼，避免存在部分肌肉或关节得不到锻炼而另一部分肌肉和关节负荷过大的情况。动作编排次序要遵循循序渐进原则。大家都知道每个阶段都会呈现不同的生理特点，从难度系数来看，应要符合普通高校学生的特点，对于那些没有体育基础的学生来说，健美操形体练习的设计整体难度系数不应过大，以简单大方的动作为主，在节奏上要呈现一定的规律，方便记忆。另外，在课堂教学中，必然有一定的练习强度，这对从未经过专门体育锻炼的普通高校学生来说，全身肌肉、关节、韧带都有一定的负荷，因此在健美操形体练习设计中，需要根据学生运动特征以及遵循强度适中原则，使学生在正式练习健美操时做好充分热身准备，这样不会因为突然练习带有强度的健美操造成关节扭伤以及肌肉、韧带拉伤，同时还能锻炼学生的基本肌肉力量、柔韧度与协调性，为接下来的竞技健美操作好铺垫。

3. 针对性原则

每个健美操形体套路甚至到每个节、每个动作的设计都应该以健美操技术特征为基础，为帮助学生深入体会健美操练习作准备。整个健美操形体套路的内容的编排还要考虑到学生的体育基础，根据学生在练习健美操时存在的一些问题，设计专门的技术动作和技术组合。强度和难度的大小、幅度的大小、节奏的快慢应该符合普通高校学生的接受程度，在音乐的选择上和编排技巧上要符合学生的心理特点。

4. 创新性原则

从宏观上来看，本研究主要目标和任务是针对普通高校健美操课堂目前存在的对现阶段健美操形体练习内容的设置还没有深入的研究、对构建健美操形体练习内容的框架研究还较少等问题，对高校健美操教学和高校健美操形体内容进行了一个系统的研究，在健美操形体练习上调整创编思路，细化练习内容，构建理论框架，弥补了目前学界理论阐述的缺乏，有助于提高今后健美操形体练习理论的规范化、全面化和科学化，给高校健美操课堂增添了新元素，并对今后的健美操形体练习理论研究具有一定的借鉴意义。

从微观上来看，根据普通高校学生的特点，引进了流行性元素，创编了若干行之有效的健美操形体练习套路，例如，在把杆形体练习的创编上，可以采用离把杆单独练习，可以进行个人或是多人互助练习，无论是离把杆练习还是把杆练习，都能够取得同样的效果；在垫上形体练习中增添瑜伽舞韵元素；将健美操项目中的跳跃与转体技术动作与舞蹈元素融合在一起等。这些都使健美操形体练习在内容和形式上都有了创新。

（五）形体教学内容设计的注意事项

1. 健美操形体内容设计要源自健美操技术特征

健美操是一种必须在音乐的伴奏下进行的身体练习，富有一种鲜明的现代韵律感，这种韵律感源自练习者在进行健美操练习时的弹动技术，因此，在健美操形体编排中，脚踝、膝关节以及髋关节是练习的重要部分，学生在进行的弹动技术练习时，腿部各关节灵活性、肌肉以及韧带的练习至关重要，在针对学生关节灵活性和韧带软开度练习的同时，还要加强对学生脚尖、脚背进行小腿和跟腱力量练习，提高学生在练习健美操时的起跳与落地技术，防止发生运动损伤，再结合下蹲、提膝、弹踢、控腿以及踢腿等进行大腿肌肉感觉练习，这样不仅提高了学生腿部力量、柔韧性，还能美化腿部线条。另外，健美操还呈现出一种高度的艺术感，这种艺术感要求加强腿部感觉的同时，还要有头颈、躯干、胸腰、手臂的配合。因此，在健美操形体设计时要考虑到身体方向的变化、空间的转换、位置的移动以及结合头颈、手臂动作和各种舞步练习，这样整个形体练习就不会单调。健美操形体练习包括把杆形体练习设计、垫上形体练习设计、波浪成套设计、爵士舞成套设计和转体与跳跃成套设计五个部分，整个健美操形体练习套路的编排，都考虑到了健美操项目的各种细节要求，充分体现了健美操各种技术特征。

2. 要充分结合普通高校学生特点

对于刚进入大学的普通高校学生来说，体育基础较差，力量、耐力、柔韧性以及协调性都比较差，大多数都是第一次接触健美操练习，因此在健美操形体编排中应加强对学生的综合素质练习。从强度方面来说，整个形体练习是为健美操课堂的基本部分做准备的，因此不仅考虑到学生特点还要结合课堂特点，强度不应过大，同时又能为接下来的健美操练习做好准备。在健美操形体练习编排上要有创新，内容要考虑学生生理和心理的各种细节，活跃课堂气氛，引发学生的学习兴趣，提高教学质量。

3. 引进新型的流行性因素

如今的健美操形体练习与传统的健美操形体练习相比，在内容和形式上都有了创新，例如，在普通高校健美操人数较多的情况下难以保证每个学生都能进行扶杆练习，把杆形体练习不仅能使学生进行离把杆练习，活跃课堂气氛，还可以取得同样的效果。瑜伽源自古印度，很多人都是利用瑜伽体式的前屈、后屈和扭转等各种运动来均衡地矫正脊柱、骨盆、股关节等部位上的畸变。瑜伽体式的练习不仅可以提高练习者的柔韧性，促进血液循环和淋巴流畅，还可以提高练习者的免疫力。垫上形体练习也打破了以往比较单一的力量和柔韧练习，结合现在流行的瑜伽舞韵元素，在动感的音乐节奏下，提高了学生学习的积极性。爵士舞的动作，能直接把内心的感受用身体的颠、抖、扭表达出来，就像我们听到喜欢的音乐，能从内心自然地流露出感情，身体会不由自主地随着音乐节奏而活动，如弹响手指、摆首顿足，有了爵士和现代舞元素的引进，不仅提高了学生的兴趣，还提高了学生对音乐节奏的感知力。

二、高校健美操形体教学内容的确立

（一）健美操形体教学内容的音乐选配

健美操是人体有节奏的合乎韵律的运动，是融合了体操之健、舞蹈之美、音乐之韵于一体的体育运动，其中音乐被视为健美操的灵魂，它以节奏、旋律、调试等构成听觉的艺术，对人体律动和人的情绪变化都有直接影响，同时还控制着健美操的速度和力度，调节健美操的节奏和气氛。由于健美操的动作具有很强的节奏感，并需要用音乐充分地表现出来，因此，健美操的音乐与艺术体操相比较更强调旋律的激昂振奋，节奏更鲜明强劲，气氛更优雅热烈。健美操的音乐大多采用迪斯科、摇滚乐、爵士乐等给人以较强的冲击力的现代音乐，配以快速有力、节奏感强、富有弹性的肢体动作，使健美操体现出一种强劲的律动感和节奏感，充满着青春活力。因此，健美操形体练习的音乐选配，要根据形体内容设计的特点，使动作与音乐能有一种水乳交融的美感。

音乐是健美操形体练习的灵魂，在节奏上一定要遵循这个原则，健美操形体练习的节奏的快慢、强度的大小、风格的选择都应以音乐为依据，使二者有机地结合起来，给人以一种和谐统一的美感。把杆形体主要是针对腿部的练习，要求上身直立，脚下动作干净灵活，音乐则应短促轻快，节奏感强。相对于把杆形体来看，垫上形体带有练瑜伽的感觉，在音乐选择上应达到练习者的内心情绪和形体动作与伴奏音乐协调一致。而波浪形体的发力不像是垫上形体那样刚劲有力，而是柔软的发力，所以在音乐上应是优美的、连绵不断的，应该充分突出动作创编的实质和核心。转体与跳跃成套设计训练学生的落地技术、平衡技术与弹动技术，较把杆形体更加刚劲有力，因此音乐节奏感更强，更加鲜明，快慢有序，能使学生尽快进入练习状态。

（二）健美操形体教学的动作编排与成套设计

1. 把杆形体成套设计

（1）把杆形体练习的依据

健美操把杆形体练习内容的构成依据主要源自健美操项目的特点、形体训练（或练习）的特点以及普通高校学生的特征。从健美操运动技术来看，它的动作幅度大、有力，并且是在快节奏情况下完成各种跳跃、转体、屈伸、劈叉等动作，因此在健美操运动中，对学生下肢的要求显得更为突出，体现为腿部肌肉的力量、关节的灵活性以及韧带的软开度。而形体练习与健美操相比较来看，它们并不完全等同，但是在一定程度上有着密切的联系，例如：身体形态的要求、美的感受以及音乐节奏的掌握等。人们常说：在健美操中"三分手来七分脚"，无不体现了健美操训练对学生下肢力量的影响，正因为如此，在中学时代对缺乏健美操和形体方面练习的普通高校学生来说，在普通高校课堂当中更需要把杆形体练习，而且把杆形体练习是学习健美操必不可少的核心部分。

（2）把杆形体练习的原则

由于普通高校学生在中学时代对健美操和形体练习方面练习的欠缺，相对来说，学生的运动技能和身体素质较差，尤其是腿部力量和音乐的掌握程度滞后，因此，把杆形体练习应遵循着循序渐进原则、强度适中原则、创新性原则来进行。

①循序渐进原则。在健美操把杆杆形体练习中分为了踝关节、膝关节、髋关节（控腿、大踢腿）和腿部综合性练习等四个小部分，每小部分都是由八个八拍组成，在节奏上，前四个八拍都是二拍一动，后四拍都是一拍一动，这不仅锻炼

学生对节奏的掌握，而且避免了学生一开始练习时难以跟上节奏的局面。从动作幅度上看，第一部分的踝关节练习包括擦地、提踵、移重心、原地画圈等；第二部分膝关节练习包括下蹲、弹踢、提膝、立转等；第三部分包括前、侧、后控腿和前、侧、后大踢腿；第四部分为腿部综合性练习，这是对前三个小部分的综合，为接下来的健美操练习作铺垫。

因此，把杆形体练习遵循着动作幅度由小到大、节奏由慢到快、动作由简单到复杂等循序渐进的原则，且每一个技术动作为下一个动作的基础来完成的。

②强度适中原则。在普通高校健美操课堂当中，一节课正常情况下为90min，健美操练习是一项全身性有氧练习，在课堂中，必然有一定的强度，对从未经历过专门体育训练的普通高校学生来说，对全身肌肉、关节、韧带都有一定的负荷。因此教师在把杆形体练习设计中，应根据学生运动特征以及遵循强度适中原则，把时间安排约为 15 ~ 20min，使学生在正式练习健美操时做好充分的热身准备。这样做学生就不会因为突然练习带有强度的健美操造成关节扭伤以及肌肉、韧带拉伤，同时还使学生的基本肌肉力量、柔韧、协调性得到练习，为接下来的竞技健美操作好铺垫。

③创新性原则。在把杆形体练习编排当中，看似以健美操为基本步伐，却又不完全是健美操中基本步伐的把杆形体练习内容，这是本研究的一个创新点，它打破了以往比较单一的擦地、画圈以及踢腿等作为技术组合来进行腿部的把杆形体练习，这不仅锻炼了普通高校学生的基本身体素质和腿部力量，对掌握健美操正确的技术动作进行很好的铺垫，还使学生在学习把杆形体练习中不会觉得枯燥，活跃了课堂的学习氛围。

（3）把杆形体练习的目的

把杆形体练习主要针对学生的腿部力量和肌肉线条等的练习，在整套把杆形体练习的四个小部分都有相应的作用。

首先，在健美操运动中，踝关节起到了一个举足轻重的作用。在普通高校学生当中，由于大部分学生没有运动基础，身体各方面素质较差，所以踝关节周围的肌肉力量、韧带以及踝关节灵活性比较差。例如：前、侧、后擦地、画圈立转以及重心的移动，主要针对脚踝的练习，因此通过踝关节的练习，不仅锻炼了学生踝关节周围的肌肉力量、韧带和踝关节灵活性，还锻炼了学生脚背、脚尖的感觉，塑造了小腿的线条，加强了小腿的肌肉力量，使小腿肌肉更加结实。从创编技术上来看，擦地技术结合画圈练习，重心的移动结合立转练习，不仅锻炼了学生的脚尖脚背感觉，还加入了方向的转换，使练习不会显得那么枯燥乏味。

其次，弹动技术是健美操运动中主要的技术特征，主要体现膝关节的灵活性和大腿肌肉的紧张与放松的配合。在健美操项目中大多数都是由跳跃、转体动作组成，学生通过膝关节弹动技术的练习，在完成健美操这些技术动作和机体在落地过程中给机体一个很好的缓冲，避免在落地时与地面接触所发生一系列的急性损伤。教师将下蹲、弹踢、提膝等技术动作组成，可以塑造学生挺拔的身姿、优美结实的大腿线条，同时保持脚尖以及膝盖的弹性，以及对健美操音乐节奏的把握，提高动作的协调性和连贯性。从创编技术来看，在有方向改变的情况下，位置的移动以及空间的转换，都可让学生练习起来感觉更加有趣。

最后，在竞技健美操项目完成各种难度技术中，人体的髋关节发挥了重要的作用。髋关节的作用包括控腿、小踢腿和大踢腿等。它不仅练习腿的控制能力，在完成健美操动作技术过程中对方向有更好的把握，能高标准地完成动作，还可以继续塑造腿部线条，练习腿部的爆发力和柔韧性，为竞技健美操更好地完成高难度动作做好准备。学生通过腿部综合性练习不仅提高了平衡、稳定的能力，还提高了学生的协调性和对音乐的把控能力，是学生练习下肢以及掌握节奏的一个重要方式。

（4）把杆形体练习的创新点

把杆形体练习创新点主要体现在内容和形式上的创新。传统的把杆形体练习主要以比较单一的擦地、画圈、下蹲和踢腿等芭蕾形体技术组合来进行学生的腿部练习，在一定程度上对学生的腿部力量和肌肉线条等起到了促进作用，但是显得有些单调，没有创新，主要集中在对腿部的练习，对学生的手臂等的练习并不多。并且传统把杆形体练习具有广泛性，没有与普通高校课堂上区别开来，没有从学生的基本特征出发，对普通高校健美操课堂具有一定的局限性，容易使学生盲目地练习把杆形体，从而对健美操认识不深刻。在内容上，健美操把杆形体不仅吸收了传统把杆形体练习的精华还对传统把杆形体进行了改良。新变化的把杆形体不仅有手臂与身体方向的变化和协调，还有节奏的变化，具有全面性，对健美操课堂主体部分学习起到事半功倍的效果。

在普通高校学生中，在人数相对来说比较多的情况下，很难保证每个学生都能利用到把杆形体练习。中学时期，大多数学生在身体协调性和肌肉平衡感方面没有进行专门的练习，少数学生在中学时期对运动有相对较多的接触，其接受能力较其他没有运动基础的较强，因此在运动基础方面学生之间有些参差不齐。所以，在这套把杆形体练习的创编上，不仅可以采用离把杆单独练习把杆形体练习，还可以在个人或是多人互助的情况下练习。无论是离把杆练习还是把杆练习，都能够取得同样的效果。在学生心理方面，普通高校学生如果像体育院校学生一样进行长时间的扶把杆练习，就会缺乏耐心，失去兴趣。因此形式上的创新不仅可以活跃课堂气氛，使课堂变得更加生动，还可以调动学生的学习热情，使学生学习效果更佳。

2. 垫上形体成套设计

（1）垫上形体练习的依据

在普通高校健美操教学中，利用体操垫来作为学生的地面上形体练习已经成为一种常见的教学手段，它不仅锻炼学生各部位关节的灵活性、柔韧软开度以及力量，还能使学生掌握体能素质练习方法和组合。由于形体练习形式的广泛性和普通高校学生的自我感觉提升，垫上形体越来越体现出局限性，简单的垫上压腿和踢腿等大众化形式来练习学生的柔软度，难以满足学生的学习需求。

健身瑜伽是很多普通高校学生喜爱的项目，很多各大院校都开设了选修课程，以俱乐部形式开设的健身瑜伽课程深受大家喜爱。瑜伽是在优美而又平静的音乐伴奏下，力量和柔韧的结合。在垫上形体套路中融入健身瑜伽和舞蹈等元素形成瑜伽舞韵风格，通过拥有瑜伽舞韵风格的垫上形体练习，不仅提高了学生韧带的软开度、关节的灵活性，还能使学生体会到美的感受，丰富学生的精神世界，因此，垫上形体练习是普通高校健美操课堂进行形体练习的一个不错的选择。

（2）垫上形体练习的原则

①循序渐进原则。在整个形体套路编排中，学生应该先从躯干练习，再到膝关节练习，再到压腿练习，再到胯部练习，最后到大前、侧各方位的大踢腿练习，遵循着动作由简单到复杂，幅度由小到大，要求由低到高等循序渐进原则进行练习，不会因为学生准备活动不充分而造成韧带和肌肉拉伤以及关节扭伤，这不仅锻炼了学生柔韧素质，还为健美操课堂的主体部分做好充分准备，也为竞技健美

操打下基础。

②科学合理性原则。垫上形体练习构思包括五部分：

A. 跪姿形体练习；

B. 坐姿膝关节练习；

C. 坐姿压腿练习；

D. 坐姿跨步练习；

E. 仰卧踢腿练习。

在有空间变换的情况下可以有位置的移动，使整个练习过程不会显得那么枯燥乏味。在垫上形体练习编排中，每一段为四个八拍，且每一段都是右边开始，紧扣左右协调平衡原则，同时根据动作的幅度而设定相应的节奏。

③难度适中原则。由于普通高校学生在中学时代对健美操和形体练习方面的欠缺，相对来说，身体素质较差，对运动技能的接受能力相对来说也比较弱，因此，从垫上形体练习的节奏上来看，垫上形体练习具有一定的规律性，动作简单大方，音乐节奏显得并不急促，有利于学生的记忆，也能使学生每个动作都能做到位，达到练习的效果。

（3）垫上形体练习的目的

健美操是在配合音乐的基础上进行持续性的全身性中低强度的运动，它以躯干为身体运动中心，以七个基本步伐为基础，配合四肢进行各种跑、跳、转、踢等一系列机械式运动，通常速度较快、强度较大，而健身瑜伽以崇尚自然、身心合一的健身理念为基础，配合各种体位、呼吸练习以及意识冥想来达到身心整合的目的，通过各种体位练习提高学生的柔韧性和平衡能力。首先，垫上形体练习的躯干练习，不仅锻炼了学生肩关节的灵活性，还提高了腰部的柔韧度，使学生在练习健美操过程中身体姿态更加优美，动作更加舒展。其次，在坐姿的膝关节练习中，学生的腿部、膝盖以及脚尖脚背等都得到了锻炼。最后，在健美操中，对练习者的腿部要求非常高，尤其是腿部的柔韧性方面，因此，在整个垫上形体练习过程中，腿部的柔韧性是关键所在，主要体现在胯部的灵活性以及大腿肌肉韧带的拉伸程度。因此在垫上形体练习的压腿练习、胯部练习和踢腿练习为接下来的健美操练习做好充分准备。另外，瑜伽体位的另一显著特点就是每一式动作重复的频率或时间较长，这样可以保证对身体特定区域所工作的肌肉持续刺激，从而达到锻炼力量的效果。在音乐选择上，伴奏以积极、明快、动感富有感染力的音乐，更深受普通高校学生的喜爱。

（4）垫上形体练习的创新点

从普通高校传统的垫上形体练习来看，学生大多数是以简单的坐立位的前、侧压腿、仰卧前、侧踢腿和俯卧跪姿后踢腿进行柔韧性练习。但我们从健美操的编排内容上来看，健美操项目柔韧性不仅体现在腿部的柔韧上，对腰部、肩关节等都有相应的要求，肩关节灵活性好可使学生的动作更加舒展、大气，腰部则使学生姿态优美，在竞技健美操中增加了艺术表现力。因此，传统的垫上形体练习效果具有一定的局限性。

而从单独瑜伽体位练习来看，学生很难有耐心去重复练习瑜伽体位，也难以体会到瑜伽动作到位时的身体感觉和呼吸感觉，容易引起学生缺乏学习兴趣。因此，将健身瑜伽和舞蹈元素相结合形成瑜伽舞韵，不仅有躯干和手臂的变化、空间和方向的变化，还有舞蹈元素的交替使用，在提高了学生身体柔韧和力量素质等方面的基础上，还提高学生的学习兴趣，使普通高校学生身体感觉更具有全面性。

3. 波浪形体成套设计

（1）波浪形体练习的依据

健美操是融合各种舞蹈元素，结合音乐进行长时间、低强度的一种有氧运动，按照全面协调发展身体的要求充分展现人体的健康、活力和艺术。无论做什么运动项目，都需要一定的身体素质，而柔韧、力量、耐力及协调性是学习健美操不可缺少的身体素质，其中协调性是身体素质中最复杂、最不易提高的素质。健美操是对协调性要求很高的项目。由于健美操单个动作多、瞬间造型多、动作节奏变换多，因此这种多变性要求学生的身体肌肉、关节等各个部分协调地配合。而协调性是波浪形体练习的本质特点，正因为这一特点，使健美操更富有美感。波浪形体练习很少是单关节的局部活动，大多数为多关节的同步运动，例如：练习手臂波浪，使臂部各关节按顺序依次、柔和地做屈伸动作，由肩部开始发力，带动肘、腕、指关节依次弯曲，接着下压、肘、腕、指关节依次伸直。波浪形体动作幅度充分、圆滑，可以充分锻炼学生对身体肌肉收缩和舒张的控制以及各个关节韧带的协调配合，使整个练习非常流畅，富有韵味和感染力。波浪形体练习主要是借助舞蹈形式，结合健美操基本步伐动作一起展现，这样能够很好地锻炼学生肢体对动作和身体的协调能力，通过波浪形体练习，能使学生尽快学会和体会健美操动作。

（2）波浪形体练习的目的

波浪形体练习套路包括手臂波浪练习、躯干波浪练习和全身波浪练习三个部分的练习。手臂波浪练习是以臂部各关节按顺序依次、柔和地做屈伸动作，由肩部开始发力，带动肘、腕、指关节依次弯曲，接着下压、肘、腕、指关节依次伸直，在练习时要求手臂肌肉、关节、韧带的相互协调配合。在手臂波浪练习的编排中，用原地做手臂波浪练习组合来体会手臂肌肉合理的收缩与舒张，在原地做手臂波浪练习时融入了健美操中的侧点地、下蹲等技术，使学生在练习手臂动作时，不会感到枯燥乏味。同时又结合柔软步与足尖步进行不同方位的变化，在不同身体部位上进行划弧、绕圈等手臂波浪练习，幅度由小到大且动作圆滑、连贯、伸展自如，全面体会肢体的感觉。躯干波浪是依靠身体各关节依次柔和的屈伸运动来完成的，包括向前、向后、向侧的波浪，在进行向前向后波浪练习时，躯干各关节应依次进行弯曲和伸展，波峰由上而下推移，动作连贯柔和、幅度大、同时注意身体重心的平稳，做侧波浪时应注意向侧移重心的同时膝、胯、腰、胸、颈以此向侧上方挺身，幅度充分、圆滑、协调，在躯干波浪设计中从小波浪到大波浪练习，来体会身体感觉的渐次性。全身波浪练习是躯干波浪结合摆腿、踢腿、提膝等，在进行全身波浪练习时，充分调动学生身体各个关节、肌肉，使各个关节、肌肉积极配合练习，锻炼协调性，培养学生对健美操动作的感受能力。

（3）波浪形体练习的原则

波浪形体练习的编排设计从手臂的波浪练习开始，原地练习，结合各基本步伐转体进行不同方位变化，来提高肢体的感觉；再到躯干波浪练习，由小波浪到中波浪再到大波浪，来体会躯干感觉的渐次性；最后再到全身的波浪练习，充分调动全身的各个部位，结合踢腿和各种立转，遵循动作由简单到复杂，幅度由小到大等循序渐进的原则，来帮助学生在短时间内掌握波浪形体练习，并达到最好的效果。

（4）波浪形体练习的创新点

波浪形体练习的创新点主要体现在发力技巧上，波浪形体动作主要是借助舞蹈形式展现出来的，它的动作风格是柔软的发力，在做手臂波浪和躯干波浪时，需要肢体各个关节和全身各个关节相互协调配合才能完成；而健美操动作刚劲有力、短暂的发力，要求躯干直立，保持紧腰、挺胸、收腹，很少有躯干的动作。在练习健美操动作时常常强调远心端的发力，例如：在做侧平举时，以最短的途径，最快的速度到达侧平举的位置，使手臂成一条直线，肩部下沉，力达手指尖，不需要躯干各个关节的配合，与波浪形体练习是两种完全不同的发力技巧，因此在波浪形体内容设计中，利用这两种不同的发力结合起来，在柔软中穿插刚强有力，在短暂中结合连绵不断，形成鲜明的对比，来锻炼学生对健美操动作的感受，掌握健美操动作的发力技巧。

4. 转体与跳跃成套设计

（1）跳跃与转体练习的依据

在竞技健美操运动项目中，跳跃与转体等难度动作是竞技健美操成套动作的重要组成部分，是健美操运动员体能与技艺高度统一的表现，是比赛获胜的关键。目前世界竞技健美操比赛日趋紧张激烈，跳跃与转体等难度动作设计更加复杂和新颖，这充分体现了这一项目的强大生命力。跳跃性的难度技术动作可以大大提升健美操成套动作的难度系数，并且跳跃性难度技术动作的类型主要围绕于科萨克跳、屈体跳、团身跳等跳跃类型，分值也逐年增加。在健美操运动中，转体不仅可以作为一种难度动作出现，还能使整套健美操动作更富有动感，其中空间、站立位和地面上各种面的旋转等可以使健美操成套动作更加生动和活泼。在诸多的研究表明中，转体技术动作还可以提高健美操成套动作的难度，转体动作设计的增加，难度系数的分值也随之增加，并且可以增加成套动作的美感，使动作的路线和方向的改变更加自然顺畅。

跳跃和转体动作在竞技健美操中贯穿于成套动作的始终，从国际体操联合会健美操委员会每四年修订一次的周期规则来看，竞技健美操难度动作的数量逐渐增加，对难度动作完成的质量要求越来越高。因此，跳跃和转体等难度动作达到完成标准，会增加成套动作的艺术性，是成套动作的焦点。

（2）跳跃与转体练习的目的

落地技术和身体控制技术是健美操运动中最基本的技术，也是完成跳跃与转体难度动作必须掌握的一种技术。落地技术的主要目的是使运动员身体在落地的同时尽可能地保持平衡稳定，运动员在完成难度技术动作后接触地面时由前脚掌过渡到全脚掌，同时屈膝、屈髋，减少落地时地面对下肢各关节和肌肉的冲击力，以避免造成不必要的运动损伤。身体控制技术在正常的情况下，身体都应该保持自然挺拔，在完成技术动作时，能够对身体有较好的控制，使成套动作更加优美，富有感染力。

健美操是一项强度较大的有氧运动，在音乐节奏较强的情况下完成各种跳跃的练习，这个时候身体控制技术和落地技术发挥着重要作用。完成一次跳跃和转体难度包括预备姿势的身体控制、过程中的身体控制、结束动作的身体控制三个部分的身体控制技术，跳跃和转体与身体控制技术具有非常密切的联系，并且只有在高度和谐、互相配合的情况下，才能使健美操难度动作表现得更优美、更准确。因此，针对高校学生的落地技术和身体控制技术来进行跳跃和转体套路的编排设计，不仅可以更好地完成教学内容，还可以为今后的竞技健美操打下坚实的基础。

（3）跳跃与转体练习的原则

跳跃难度包括单腿跳、双腿跳、交换腿跳；转体包括移动转体、单腿转体、翻身转体等。从竞技健美操 C 组难度动作——跳与跃难度动作来看，通常会跟转体动作结合在一起，且等分比重更高，由此体现竞技健美操难度动作的发展趋势。普通高校学生很难完成这一高难度动作，根据学生的特点，在跳跃与转体动作的选择上应具有代表性，且每个跳跃和转体动作都要以健美操技术为中心点，为健美操中的跳跃和转体技术做好服务，因此跳跃与转体套路的编排都要遵循基础性原则。在竞技健美操中的落地缓冲技术，就是机体在完成跳跃或是转体等难度动作后双脚落地的时刻，髋、膝、脚踝等关节保持一定的屈伸，同时对躯干有一个平稳的控制，从而达到减轻落地时机体与地面瞬间发生撞击的损伤。严格来说，无论是对于体育院系学生还是普通高校学生来说，健美操形体套路的编排都应该要遵循循序渐进原则。根据正常的人体机能适应性，由于内脏器官的惰性，人体内脏器官不能立刻发挥它的工作能力，不能提供运动器官较多的能量，肌肉也不能及时进入最佳工作状态。由于肌肉的黏滞性以及身体各关节间润滑液的欠缺，容易造成肌肉拉伤和关节扭伤，尤其对于普通高校学生来说，更加要遵循这一原则，与此同时，还要考虑普通高校学生的生理、心理和运动能力特点。

（4）跳跃与转体练习的创新点

跳跃和转体形体套路主要是吸收了舞蹈元素和健美操跳跃与转体难度动作技术特点的紧密结合表现出来的。在套路的设计编排过程中，简单大方的舞蹈动作，以形体练习为中心点，学生比较容易掌握，也符合当代大学生的心理特点。同时将跳跃和转体动作贯穿于形体套路中，再通过一些简单的舞蹈动作，将跳跃和转体的技术结合起来，不会因为反复做跳或是转体造成机体疲劳而发生损伤，又能起到很好的过渡作用，使整个套路练习更加流畅，既达到了所要练习的目的，又体现了人体的自然韵律性和新时代的特点。

第二节　健美操运动的规律与教学方法

健美操运动的基本规律是区别于其他运动项目且决定健美操运动发展方向的若干本质的体系。一套健美操，无论是健身健美操还是竞技健美操，都必须体现出其基本规律，只有掌握健美操运动的基本规律，才能不断地提高教学与训练的质量。在健美操教学中应用一定的教学方法就是为了使学生更快、更好地掌握健美操教学内容，完成教学任务，提高教学质量。

一、健美操运动的基本规律

（一）健美操运动规律的内涵

健美操运动是一种特殊的运动，其变化和发展与它运动的内在特点有必然联系。健美操运动在教学和训练中一定要遵循规律，才能达到理想的运动效果。任何事物发展都有其自身的规律，其规律和事物运动有一定的关联。在健美操运动中，要充分认识到健美操运动各规律之间的联系，只有了解各规律间的联系，才能掌握健美操教学的真谛。健美操运动发展有以下几种规律：

1. 刚健有力

健美操运动包括很多动作类型，但主要以操化动作为主。操化动作中大部分动作属于爆发性用力动作，操化动作需要在短时间内连续不断地完成，它对肌肉要求是比较高的，并且要求动作快而利落。我们在竞技健美操中会看到许多高难度的动作，这些高难度的动作也需要用爆发性力量才能完成。在健美操运动中有一小部分动作是逐渐加速用力的，动作由慢到快逐渐加速进行，这样能够使肌肉和韧带得到充分拉伸。在健美操运动中只有少数动作需要静力性用力。艺术体操和健美操用力方式截然不同，艺术体操的大部分动作是匀速用力的，所以艺术体操能呈现出优美、柔和的特征。

2. 动静分明

健美操还有另一个运动规律就是动静分明。健美操运动中有的动作间的变换有明显的动与静的交替过程。每个节拍动作中都会有动静结合的动作，这就是健美操运动中动静分明的运动规律。动静分明在健美操教学中也是对健美操运动员的基本要求。健美操中的许多操化动作都是动静相结合而形成的，如两臂侧举这个动作，需要"动"则快、"静"则长，这一动作的动静转换非常明显，并且完成动作质量非常高；如果做这个动作时"动"则慢、"静"而短的话，动静转换就会非常模糊，完成动作质量也会很差。

因此，在健美操运动中要做到动静分明，就需要健美操运动员具有良好的身体素质，并且要具备较好的控制能力，能控制肢体在做"动"时快、"静"时干脆利落，还要做到位置准确、姿态良好。在健美操比赛中裁判评判健美操完成质量的标准就是看选手是否做到了动静分明。做到动静分明，能使健美操运动表现出更强的节奏感和韵律感。

3. 节奏感强

健美操运动还具有节奏感强的规律。健美操运动的动作完成是需要跟随音乐节奏来实现的，不同的音乐旋律有不同的完成动作和不同的表达情境，不同的音乐节奏能体现出不同的情感。健美操的音乐大多数是热情奔放的，能给人带来极强的冲击力，可以有不同的表现形式并且能使人有无限的遐想空间，可以让动作和音乐融为一体。

健美操的节奏不仅需要身体和音乐的协调，还需要音乐和动作的结合，使人体的肌肉能在松弛与紧张交替的过程中表现出健美操特有的情韵。健美操的动作具有较强的节奏感，在做每一个动作时都需要跟随音乐的节奏去完成，如果一个动作难度需要在 4 拍完成，不仅需要在动作开始时控制好身体的节奏，还要控制在结束时完成动作难度，这就是健美操节奏感强的规律特征。

如果在健美操运动中，做动作的时长没有和音乐节奏配合好，就会缺乏韵律感，这种情况就如同在跳舞时没有踩准音乐点，显得非常不协调。做健美操动作时，一定要控制好音乐的节奏，并且能准确掌握音乐的节拍，在健身健美操中，音乐速度大多是每 10s20 ~ 24 拍，但是在竞技健美操中，音乐速度则是每 10s26 ~ 30 拍。

在运动中，健美操运动员要严格准确地按照音乐的节奏做动作，这样才能体现出健美操的节奏感。

4. 协调整齐

协调整齐也是健美操的基本运动规律之一。在健美操运动中协调整齐主要是指无论是单人健美操还是多人健美操都需要在做出动作时整齐协调。

在做单人健美操时，上肢和下肢要协调配合，或者上肢动作和下肢动作整齐一致，有的动作要求同时动或者同时静时，上肢和下肢不能依次做动作，需要同时做出要求的动作。有的动作所走的路线并不相同，有时长有时短，但是一定要同时完成制动。

集体健美操动作的协调整齐是在单人健美操基础的要求上形成的。集体健美操考虑到人数多以及身高和体态的不同，所以需要在动作配合上要整齐协调，在队形的变换上要丰富多彩，这就需要健美操运动员具有集体精神，并且配合默契，只有配合得当且整齐协调才能体现出其运动的价值。

5. 姿态优美

健美操运动还具有姿态优美的特征。健美操运动是一项非常讲究姿态的运动，健美操运动要求做操姿态优美，主要是为了提升这项运动的观赏性，并且体现出健美操运动的价值和良好的运动精神。在做健美操时要保持良好的身体姿态，身体要挺拔，这样会显得更有精神并且能体现出良好的体态。在运动中，无论是并掌还是开掌都需要规范姿态。另外，在运动中，许多下肢动作都需要当脚离地时就绷直脚尖，这个动作和做体操的动作是一样的。由于健美操运动在脚部移动时需要步伐轻巧，大多采用弹动技术，所以在做四肢运动时动作一定要标准规范。做操化动作时动作幅度要大，动作要舒展开，并且动作一定要做到位。

健美操姿态优美的表现有以下几点：

（1）四肢在做动作时要有良好的姿态；

（2）动作规范、幅度大；

（3）身体姿态要挺拔。

6. 表现力强

健美操运动是一项集舞蹈、体操、人体艺术于一体的运动，是由千变万化的肢体语言加上优美的音乐构成的，艺术风格独特，是控制身体力量、速度、节奏的一种运动。其表现力极强，能够通过优美的音乐和身体姿态表现出各种形象，能够在这些不同的形象中展现出人们对美好生活的向往和追求；是能将人们丰富的情感通过肢体语言表达出来的一种艺术形式，这种艺术形式能给人带来生机与活力。

健美操运动是一项表现力强的运动。表现力是一名运动员自身就具备的，是集理解力、观察力、认知力、想象力和自信心于一体的外在表现力。在健美操运动中，表现力是把动作和音乐结合在一起并且通过身体表现出来的一种情感，也是能够感染观众的一种能力，需要运动员将内在精神和外在动作完美结合并通过面部表情持续表现出来。

健美操的表现力是这项运动的综合体现，需要将身体形态、面部表情、技术规范、音乐节奏感集为一体。面部表情是健美操运动表现力的焦点，面部表情包括目光方向、笑容、眼视方向等。健美操的表现力与运动员的运动技术及表现风格紧密相关，这些因素都会影响健美操运动表现力的强度。能够支撑健美操运动表现力的也有一些隐性因素，如运动员的心理素质、身体素质、自我控制能力以及音乐素养等。

从上述内容可以看出，健美操的表现力是一名健美操运动员的综合素质、综合能力、运动员运动技术能力的体现，健美操表现力的间接因素会影响直接因素，而直接因素会影响健美操的表现力，所以说健美操系统是一个综合系统，也是健美操运动系统的整合体。因此，必须重视表现力，全面培养或全面训练（系统训练）这一能力，这样才能强化表现力。

以上几点是健美操运动的必然规律，也是评价与衡量健美操运动的标准。这些健美操规律相互依存，相互促进，不断提高健美操运动的技术水平。

（二）健美操科学锻炼的原则

1. 合理的健身目的

研究发现，体育锻炼对人的发展具有重要意义，对身体素质的提升更具有重要作用。健美操练习，更是会起到增强体质、强健体魄、预防疾病的作用。合理的健身目的是每位健美操锻炼者应该明确的问题，也是良好的导向，一定要根据自身的身体情况，掌握科学的锻炼原则与方式，结合适当的医务监督，进行科学锻炼。

不同年龄、性别、职业、身体能力的人参加健美操锻炼的目的各不相同，所以，健美操锻炼的目标也大不一样。大学生参加健美操锻炼的主要目的是掌握健美操锻炼方法，健身美体，塑造优美形体，愉悦身心，培养审美意识和坚强的意志品质。

确定了健美操锻炼的目的，才能根据需要和目标，选择课程的内容、上课的时间和运动负荷。

2. 规范的锻炼负荷

对于任何体育项目而言，只有负荷强度适当，才可以起到一定的锻炼作用。锻炼负荷过小，不会达到健身的效果；负荷过大，超出了身体的承受能力，反而会使身体受到伤害。控制健身者锻炼负荷的方法包括以下两种：

（1）运动心率确定身体负荷

在锻炼身体时，运动心率应控制在 120 ～ 140 次 / 分，这个区间被称为"生理负荷价值阈"。

（2）自我感觉确定运动负荷

人体在运动时，对运动的强度负荷会产生一个生理上的反应，根据反应来确定运动负荷的大小。自我感觉等级分为：非常轻松、很轻松、轻松、累、很累、精疲力竭。

3. 适当的锻炼频率

健身健美操锻炼要想取得健身强体、健美形体的效果，必须经过一个长期的过程，要求练习者长期不懈地坚持锻炼。因此锻炼者需要安排好锻炼的时间与锻炼的频率，一般情况下，每周锻炼的次数不能少于 3 次，有时间的话可以增加到 5 次；每次锻炼的时间可控制为 60 ～ 90min。

4．准确的锻炼内容

现代健美操的发展非常迅速，健身健美操的内容和形式呈多样化，出现了很多新颖时尚的健身健美操，如搏击健身操、拉丁健身操、瑜伽健身操、健身街舞、动感单车等。作为健美操锻炼者，应根据自身的身体条件、运动能力、年龄、健身目的等，有针对性地选择一些适合自己的健美操内容和课程，这样才能保证健身锻炼的安全性和有效性。

二、健美操的教学方法

（一）讲解法

讲解法是健美操教师向学生说明所学动作的名称、技术要点、做法及要求等以指导学生进行练习的教学方法。采用此教法时应做到以下几点。

1．讲解要有目的性

教师所讲的内容要能清楚地说明完成动作的技术要点、具体做法及要求等，围绕教学任务、内容以及教学过程中学生存在的问题有目的地讲解。

2．讲解要准确

健美操教师所讲的内容应是准确、清楚、有逻辑性的，即概念准确、清楚，言之有理，实事求是，并运用统一规范的健美操专业术语。

3．讲究讲解的时机和效果

健美操教师的讲解可以在示范后进行，也可以边示范边讲解。讲解时要根据学生已有的知识经验来确定所讲内容的广度和深度，使学生能更好地理解和掌握动作要领。

4．讲解要有启发性

在教学中力求用生动形象的语言促进学生学习情绪和求知欲的高涨，引导学生积极思考，使学生将听、看、想、练有机地结合起来。

5．讲解要有艺术性

健美操教师讲解时应口齿清晰，普通话标准，语言要生动形象，比喻要恰当，并富有趣味和感染力。这样才能加快学生对动作的理解，建立正确的动作概念。

6. 讲解要有节奏和鼓舞性

讲解的语言节奏是指语言的声音强弱应按特定的顺序和时间间隔交替进行。健美操教师讲解的语言应有激情，抑扬顿挫，这样有利于调动学生练习的热情。

（二）示范法

示范是健美操教师将自身完成的动作作为教学的动作进行范例，用以指导学生进行练习的方法。这是健美操教师在教学中最常用的一种直观方法，可以使学生了解所学动作的形象结构、技术要领和完成方法，便于学生建立正确的动作整体形象。采用此教法时应做到以下几点：

1. 示范动作要准确、规范、轻松和优美

这样的示范有利于激发学生跃跃欲试的心理，产生练习兴趣。因此，健美操教师要不断地提高示范动作的质量，做到准确、规范、轻松和优美。

2. 要选择合适的示范位置

示范讲究示范面或示范方向，在健美操教学中，教师应根据不同健美操的结构采用不同的示范面。如果动作是围绕人体前后轴运动，或左右移动，则健美操教师应采用镜面或背面示范；如果是身体的侧屈或侧移，同时两臂经肩侧屈上举，或围绕身体左右轴运动，则要做侧面示范等。健美操教师示范位置的选择要合理，要有利于全体学生一目了然，看清动作，当学生人数多时最好在高位置上进行示范。

3. 示范要有明确的目的性

健美操教师的示范要根据教学任务、步骤以及学生的学习情况来确定。如新授教材，为了使学生建立完整的动作概念，一般可先做一次完整示范，然后结合教学要求做分解示范或重点示范、慢速示范和正常速度的示范等，或综合运用各种示范方式。

4. 示范与讲解相结合

教师在健美操教学中，只有把示范与讲解紧密地结合起来，使这两者的优点得到互补，并且克服个中缺点，才能获得良好的教学效果。

（三）练习法

练习法是有目的、有计划地多次重复练习单个动作、组合动作或成套动作的方法。练习法是学会、巩固和提高动作的重要方法。

1．重复练习法

重复练习法是指在不改变原动作结构的基础上，根据动作要领反复进行练习的一种方法。采用重复练习法要做到以下几点：

（1）要防止错误动作的重复

在健美操教学中，一旦发现自己的动作是错误的，要立即改正错误动作，不要在发现错误动作时还进行反复练习。

（2）要控制运动负荷

在健美操教学中采用重复练习法时，要根据自己的身体情况合理控制运动负荷，避免身体疲劳。

（3）要合理安排重复次数

在健美操教学中，重复练习的前提是学生在每一次反复练习中保证动作都是正确的。如果重复练习的次数少，学生就不容易掌握标准的动作；如果重复次数过多，学生会失去练习的热情，所以要合理安排健美操训练重复的次数。

2．交替练习法

在各科教学中，"交替法"是深受教师喜爱的一种教学方法。该方法主要是根据各科的教学任务把学生按照需求分为两个及以上的小组进行练习，也可称之为"小组合作法"。在运动型教学科目中，比如最常见的健美操，"交替法"的另一大优势便体现出来了，即能给予学生在训练之余最多的休息时间，毕竟体育活动对体力消耗十分巨大。

（1）不同学生的身体素质不同，可以在分组时将身体素质相近的学生分为一组，在集体练习之后的交替练习中可更方便地设计不同的训练强度。

（2）在运用"交替法"来进行健美操教学时，要给学生看的任务，使其带着问题去看其他同学做，并对其进行提问，这样有利于提高学生的观察力和认识能力。切记不可对休息的学生放任自流，应时时督导他们观察他人练习时出现的问题并及时反省自身，从而得到更好的训练效果。

（3）在健美操教学中，交替练习可以采取双数分组进行"一对一"的练习，这样可以使学生之间相互观察，方便经验交流。

（4）采取交替法进行健美操练习时，必须要有明确的学习目的。通常在学习新课程时，主要是为了学生能掌握新动作的技巧并且能承担一定的运动负荷；

在复习课时，主要是为了纠正错误动作，并能熟悉成套动作。

（四）合作学习法

在现代社会中，人际交往能力、合作能力日益显示出其重要性，合作学习是当代教学理论中重要的学习方法之一。合作学习法主要是将一个班级的学生划分成几人一组的学习小组，给每个学习小组布置具体的学习任务，小组的各个成员分别负责任务中的某一部分，这种学习方式能使学生通过相互帮助实现学习目标。合作学习法主要有以下几个特征：

1. 目标性

合作小组的成员都有一个共同的活动目标，都是在共同的目标指导下进行合作学习的。为了共同目标，小组成员互相依赖、互相帮助，共同努力实现目标。

2. 个人责任

在合作学习法中，通过任务分工，能够培养学生的责任感。在小组学习中，必须要独立完成自己负责的学习任务，因为是合作学习，离不开小组的每一个学生，所以完成学习任务，既是对自己负责也是对小组其他成员负责，在合作学习中个人的成功也是与小组联系在一起的。

3. 机会均等性

合作小组一般按"组内异质，组间同质"的原则进行分组，每个学生个体都有平等的机会在各自的小组中充当教师角色。

4. 竞争性

合作学习的竞争性主要是指组间竞争，组内进行合作。合作学习并不排斥竞争，而是把合作与竞争有机地结合起来。在整个教学过程中，合作是主线，在提倡组内合作的同时，教师积极开展组间竞争以激发学生学习的动机和兴趣，在教师的参与下个人竞争转变为小组竞争。

5. 角色性

每一个成员都有自己的角色，这个角色在小组合作学习中并不是固定不变的，是在合作过程中轮流变化的。教师将任务分配给小组，小组组长将任务划分成多个子任务分配给每个小组成员，每个成员都在充当一定的角色。采用此教法时应做到以下几点：

（1）每个成员的任务要明确，要让每个学生都参与其中，避免个别学生独自练习；

（2）合作学习的时间不宜太长，教师要巡回指导并观察学生的学习情况；

（3）合作学习结束后进行小组展示，教师给予适当的评价，有利于提高学生学习的积极性；

（4）合作学习比较适用于复习内容或反方向的学习。

（五）带领法

带领法主要是由教师带领全体学生进行训练的一种学习方法。这种方法主要用于新授课或课前热身。对于一些比较简单的健美操动作而言，教师在队伍前带领学生进行动作练习，就能够达到学习的目的。但是有些复杂的健美操动作，由于节与节之间衔接比较复杂，动作过多，学生经常忘记或记错动作，就需要教师在队伍前进行多角度示范，带领学生共同学习训练。采用带领法进行学习时应做到以下几点：

1. 根据动作需要选择正确的带领示范面

如果是简单的动作结构，可以选择镜面示范进行教学；如果是复杂的动作结构，可以采用背面示范进行教学。如果在健美操教学中遇到左右方向变换动作时，可以选择镜面示范进行教学或背面示范进行教学。

2. 新授课采用背面示范带领学生练习

在新授课时采用这种方法，学生能较快地掌握身体姿态、身体部位等方面的肌肉感觉。

3. 复习课采取镜面

在复习课上，大部分学生都能掌握成套动作，这时可以采取镜面示范进行教学。这种教学方式能为学生树立榜样，也能为教师节省更多的时间去发现个别学生的错误动作。

4. 采用镜面示范的比例应比背面示范的比例高

采用镜面示范的比例应比背面示范的比例高，这样有利于教师在教学的过程中全面掌握学生的学习动态，而且方便师生之间进行交流。

（六）记忆法

记忆法是运用心理原理，通过学生自己一系列的心理活动配合完整练习来记忆动作的一种方法。记忆法主要有以下几种方式：

1．念动练习法

念动练习法主要是指学生在练习动作时有意识地、系统地在脑中重复再现已形成的动作表象，心里不停地背诵动作要领及口令以形成心理暗示，达到熟练和加深动作记忆目的的练习法。

2．观察模仿法

观察模仿法是指分组练习，一组做动作，一组观察，并随其模仿练习，提出缺点，纠正错误，加深记忆。这种方法有助于巩固正确动作的动力定型，而且在观察别人错误的同时也能改正自己的缺点。

3．简图强化法

简图强化法是指在课后，学生亲自把每堂课所学的动作的名称、做法逐拍地用简图的形式表示出来，在完成图解的过程中，动作的名称、顺序、做法等在学生的头脑中多次再现，学生对其模仿、分析，从而达到强化记忆的效果。这种方法可以节省体力消耗，提高教学质量，熟练成套动作，增强运动感觉能力。

（七）完整与分解法

1．完整法

完整法在健美操教学中是指对健美操的成套动作进行完整的讲解。这种方法不能破坏整套动作的完整结构，不能改变动作之间的联系，所以要求学生学习掌握的速度要快，但是这种方法只适合节拍较少的健美操教学。

2．分解法

如果说完整法适合节拍较少的健美操教学，那么分解法则适合动作较为复杂且节拍较多的健美操教学。分解法主要是把复杂的动作和节拍多的动作合理地分解成多个局部动作，学生能够在这种教学方法中掌握全部动作。

采用完整法和分解法时应该注意以下几点：

（1）在健美操学习的过程中，如果遇到简单的动作可以采用完整教学法；

（2）如果学习的动作结构复杂，可以采取慢速度的完整法进行教学，在学生能够建立动作概念后，再按正常的速度进行教学；

（3）对于一套复杂动作较多的健美操，可以将其较难的部分分解成几个动作进行教学，等学生熟练掌握分解动作后，再进行完整的动作教学；

（4）在采用分解法教学时，要注意分解练习的时间不宜过长，否则会影响完整动作的学习。

（5）分解法在健美操教学中的最终目的是让学生更好地掌握完整的动作，所以在遇到复杂的动作时，可以先采取分解法进行教学，当大部分学生已经能掌握绝大部分动作时，再采用完整法进行配合。

总之，每种教学方法都有各自的特点和功能，并且它们之间是存在联系的，健美操教师要熟练掌握各种教学方法，才能灵活运用，并得心应手。教学实践也证明，无论是新授课还是复习课，都不是用单一的教学方法就能完成教学任务的，应根据健美操课程的任务需要，灵活地运用各种方法，使每一种方法的运用都成为整个教学过程中有机的一环，充分发挥各种教学方法的效能，这样才能更好地实现健美操教学目标。

第三章 健身健美操与流行健美操训练

第一节 健身健美操训练方法

一、高校健身健美操基本动作训练方法

（一）头颈部动作训练

1. 屈

头部向前、后、左、右四个方向分别做颈部关节弯曲的运动，包括前屈、后屈、左侧屈、右侧屈。注意身体正直，做动作时应缓慢，充分伸展颈部的肌肉。

2. 转

头部保持正直，然后头颈部沿身体垂直轴向左、右转动90°。注意下颌平稳地左右转动。

3. 环绕

头部保持正直，然后头颈部沿身体垂直轴向左或向右转动360°，两动作一致，方向相反。注意转动时头部要匀速缓慢，不要过快。动作要到位，向后转时头要后仰。

（二）肩部动作训练

1. 提肩

双脚开立，身体保持正直，然后肩部沿身体垂直轴向上提起。动作变化包括单提肩、双提肩。注意尽可能向上提起，提肩时身体不能摆动。

2. 沉肩

双脚开立，身体保持正直，然后肩部沿身体垂直轴向下沉落。动作变化有双

肩下沉。注意尽可能向下沉落，沉肩时身体不能摆动，头尽量往上伸展。

3．绕肩

双脚开立，身体保持正直，然后肩部沿身体前、后、上、下四个方向进行绕动。动作变化包括单肩环绕、双肩环绕。注意绕肩时身体不能摆动，动作幅度要尽量大，舒展开。

（三）上肢动作训练

1．基本手型

（1）合掌。五指并拢伸直。

（2）分掌。五指用力分开，手腕保持一定的紧张程度。

（3）拳。五指弯曲紧握，大拇指压在食指弯曲部位。

（4）推掌。手掌用力上翘，五指自然弯曲。

（5）西班牙舞手势。五指用力，小指、无名指、中指自掌指关节处依次弯曲，拇指稍内扣。

（6）芭蕾手势。五指微屈，后三指并拢，稍内收，拇指内扣。

（7）一指式。握拳，食指伸直或拇指伸直。

（8）响指。拇指与中指摩擦与食指打响，无名指、小指弯曲至握。

2．举

以肩关节为中心，手臂进行活动。动作包括前举、后举、侧举、侧上举、侧下举、上举等。注意动作到位，有力度。

3．屈

肘关节由弯曲到伸直或由伸直到弯曲的动作。动作包括胸前平屈、肩侧屈、肩上侧屈、肩下侧屈、胸前上屈、头后屈等。注意关节做弹性的屈伸。

4．绕、绕环

双臂或单臂以肩为轴做弧线运动。动作包括双臂或单臂向内、外、前、后绕或环绕等。注意路线清晰，起始和结束动作位置明确。

（四）躯干动作训练

1．胸部动作

（1）含胸、挺胸

含胸时，低头收腹，收肩，形成背弓，呼气；挺胸时，抬头挺胸，展肩，吸气。动作有手臂胸前平屈含胸，手臂侧平举展胸。注意含胸时身体放松，但不松懈；挺胸时，身体紧张但不僵硬。

（2）移胸

移胸时，髋部位置固定，腰腹随胸部左右移动。动作可以有左右移动变化。注意移胸时，腰腹带动胸部移动；动作要尽量地大。

2. 腰部动作

（1）屈

腰部向前或向侧做拉伸运动。动作变化包括前屈、后屈、侧屈。注意充分伸展，运动速度不宜过快。

（2）转

腰部带动身体沿垂直轴左右转动。动作包括迈步移动重心与转腰运动结合。注意身体保持紧张，腰部灵活转动。

（3）绕和环绕

腰部做弧线或圆周运动。动作包括与手臂动作相结合进行腰部绕和环绕。注意路线清晰、动作圆润。

3. 髋部动作

（1）顶髋

双腿开立，一腿支撑并伸直，另一腿屈膝内扣，上体保持正直，用力将髋顶出。动作包括双手叉腰顶髋，左顶、右顶、后顶、前顶。注意动作用力且有节奏感。

（2）提髋

髋向上提。动作包括左提、右提。注意髋与腿部协调向上。

（3）绕和环绕

髋做弧线或圆周运动。动作包括左、右方向进行绕和环绕动作。注意运动轨迹要圆滑。

（五）下肢动作训练

1. 立

（1）直立、开立

身体直立，再打开双腿，做开立动作。注意直立时身体要抬头挺胸；开立时，脚的间距约与肩相等。

（2）点立

先直立，再伸出一条腿做点立或双腿提起做提踵立。动作包括侧点立、前点立、后点立、提踵立。注意动作要舒展开。

2. 弓步

直立后，大步迈出一腿，做屈腿动作。动作包括前弓步、侧弓步、后弓步。注意步子迈出不能太小，当然也不能太大。

3. 踢

双腿交换做踢腿动作。动作包括前踢、侧踢、后踢。注意动作要干净利落。

4. 弹

双腿进行弹动动作。动作包括正弹腿、侧弹腿。注意双腿要有弹性。

5. 跳

做各种姿势进行腿部练习。动作包括并腿跳、开并腿跳、踢腿跳。注意跳时要有力度和弹性。

二、高校轻器械健身健美操训练方法

（一）绳操的训练方法

1. 绳操概述

绳操是伴着音乐节奏，持绳的两端，或将短绳对折或三折（绳绷直），通过上肢的举、屈、伸、绕环、转肩；躯干的屈、伸、绕、绕环转体；下肢的踢、屈、伸、摆越绳、跳跃及全身平衡等动作，以达到锻炼身体、减少脂肪、愉悦身心等目的的一种有氧健美操锻炼方法。

绳操对绳的要求比较高，具体来说，即绳由棉质、麻质、棉麻混合及塑料制成。单人用绳长 2～2.3 米，双人和三人用绳长 2.5～3 米，专门用来跳长绳的长 5～7 米。

绳操具有健美操的所有特点，上、下肢运动均衡，并可根据练习者的体能情况调节运动量。它作为软器械可用于一些限制性练习，如拉伸等。同时，由于大部分动作是跳跃，能更有效地增强心肺功能，具有明显的减脂瘦身功能。绳操是一项有氧运动，适宜的人群较为广泛，是一种非常受现代人欢迎的改善形体的健身运动项目。

绳操具有较为广泛的群众基础，简单易行，主要表现在：第一，绳为软器械，可折叠，方便携带，同时价格低廉，适合广大的健身人群。第二，练习者可根据自身的身高和实际需求来选择绳的长短、练习形式和练习方法，可选择以发展心肺功能、提高下肢的弹跳能力和身体耐力为主的跳绳练习；也可选择以提高身体协调性和柔韧性，改善形体的绳操。第三，练习内容简单易学，安全有效，又不受场地条件的限制，故实用性强。

2. 绳操的基本技术

绳操的基本技术主要包括摆动、绕环以及跳绳。具体如下：

（1）摆动

双手或单手握绳头，以肩为轴前后或左右摆动绳。摆动时肩放松，力量均匀，以控制绳形不变。

（2）绕环

双手或单手握绳头，以肩、肘或腕为轴在身体各个面上做各种绕环。在做绕环动作时，需要注意的是：绕环面要准确，绳不能触及身体。

（3）跳绳

跳绳分为双脚跳、单脚跳、高抬腿跳等形式。可做向前摇、向后摇、双摇、交叉摇等跳跃动作。跳绳时需要注意的是：双臂自然伸直，以手腕为轴摇绳，跳起时要轻松有弹性，落地时应有缓冲。

3. 绳操动作组合

（1）预备姿势

双手持四折绳于体前直立（以下所有动作以先出右脚为例）。

（2）第一个八拍

1～2拍：右脚向右做并步，同时两臂前平举并还原；

3～4拍：左脚向左做并步，同时左臂前上举，右臂前下举持绳并还原；

5～6拍：右脚向右做并步，同时两臂向上举至肩侧屈；

7～8拍：左脚向左做并步，同时两臂向上举并还原。

（3）第二个八拍

1～2拍：右脚向右前方迈出1步，左脚脚尖点地，同时两臂上举；

3～4拍：左腿并右腿同时两臂向后绕至下举；

5～8拍：同1～4拍动作，但前后、左右相反。

（4）第三个八拍

1～2拍：右脚向右侧1步并向右移重心，同时双手分别持绳头向右摆动绳；

3～4拍：同1～2拍动作，但左右相反；

5～8拍：右脚向右侧变换步同时两臂向右经上、左至右绕环一周。

（5）第四个八拍

1～4拍：右脚开始跑跳步同时左手握双折绳头（两个头），右手握绳中段在体侧以右手腕为轴做向前的小绕环；

5～8拍：下肢动作同上，同时左手于右胸前，右臂上举以右手腕为轴做水平小绕环。

（6）第五个八拍

1～4拍：右腿、左腿依次向前弹踢，同时双手分别握绳头做体侧"8"字绕环；

5～8拍：后屈腿跳，同时做4次体侧"8"字绕环。

（7）第六个八拍

1～4拍：高抬腿前摇跳；

5～8拍：后屈腿前摇跳。

（8）第七个八拍

1～4拍：高抬腿交叉前摇跳；

5～8拍：后屈腿交叉前摇跳。

（9）第八个八拍

1～8拍：同第五个8拍中的1～4拍。

（10）第九个八拍

1～4拍：右脚向前走4步，同时左手于右腰间，右臂上举以肘为轴绕绳（绳缠身）；

5～8拍：右脚向后退4步，同时左手于右腰间，右臂上举以肘为轴绕绳（放绳）。

（11）第十个八拍

1～4拍：左脚开始向左走4步同时转体360°，双手握绳，头上摆动一周；

5～8拍：右脚开始向右走4步同时转体360°，右手握两绳头，左手握在绳中段将绳四折，还原至预备姿势。

（二）哑铃操的训练方法

1. 哑铃操概述

哑铃操是在徒手健美操的基础上，手持哑铃进行身体练习的一种体育锻炼形式。哑铃又称手铃，一般根据其材质和制作手法等的不同，大致分为三种：木制或者铁制的哑铃；健美操用的外有软包装护带把的哑铃；不带护把的哑铃。

由于哑铃的材质不同，其重量也会有一定的差异性。一般可根据练习者的上肢力量来选择1磅、2磅或3磅重的。握把长度为10～12厘米，直径为3厘米左右，铃头直径为5～7厘米，圆形或圆柱形，护把的半径为4厘米左右。哑铃属短双器械，两手各握一哑铃，动作灵活，不受器械的限制。

哑铃操正确的握铃方法：四指并拢环握握把，拇指握压在食指第一指关节上，有护把的四指应从半圆形护把中穿过，使护把套在手背处，然后紧握握把。

哑铃操具有一定作用，具体来说，主要表现在两个方面：一是由于哑铃本身有一定的重量，所以对发展上肢各部位关节的柔韧性、灵活性和完成动作时肌肉的控制能力有较强的作用；二是利用音乐配合哑铃操锻炼能够提高练习者的兴趣，降低疲劳感，提高身体的协调性。

2. 哑铃操的基本动作

（1）腿部动作

在哑铃操中，腿部的基本动作主要有提哑铃前冲、举哑铃蹲立。

①提哑铃前冲。双手放在身体的两侧并各提一个哑铃，而且要尽量让哑铃贴近身体。直立，保持背部平直、挺胸、收腹，骨盆略向前倾，双肩向后绷紧。

1～2拍吸气，同时右脚向前迈一大步。双脚脚尖向前，屈右膝使右膝的位置与右脚脚后跟和脚趾的中间位置处于一条假想的直线上；

3～4拍屈左膝，使其停在离地面5厘米处；

5～8拍呼气，同时收右腿并利用脚后跟发力，使自己直立起来；

交换腿重复练习15～20次，共3组。

在做提哑铃前冲动作时，需要注意：要使脚后跟、足踝骨、大腿和臀部保持在一条直线上。因为这样可以使膝盖和后背避免因压力过重而发生受伤现象。

②举哑铃蹲立。双手放在身体的两侧并各提一个哑铃直立，保持背部平直，挺胸，收腹，骨盆略向前倾，双脚分开，脚尖向前，微微屈膝，膝盖和脚保持在一条直线上。双眼向前看，将握在双手中的哑铃举过肩部、屈肘。

1～4拍吸气，同时屈膝并慢慢向地下蹲，将身体的重量放在足踝骨上，同时挺胸并保持背部平直，使自己的膝盖和脚处于一条直线上，两腿处于平行状态；

5～8拍呼气，同时慢慢站直身体双臂放回到身体的两侧，并继续保持背部平直，而且脚后跟不离地；

反复练习10～20次，共4组。

在进行举哑铃蹲立的动作时，需要注意：一是不要让自己的蹲立高度超过椅子的高度；二是动作过程中脚后跟不离地。

（2）肩部动作

哑铃操的肩部动作主要有双臂两侧平举哑铃、双臂两侧上举哑铃。

①双臂两侧平举哑铃。双脚分开站立，保持背部平直，挺胸，收腹，骨盆略向前倾，微微屈。双手各放在两条大腿前面，紧握哑铃，掌心相对，微微屈肘。吸气，同时双臂各以半圆形的弧度由下至上地向身体的两侧平伸出去，使双臂保持在与肩部齐平的一条直线上，要尽量使腕关节始终保持平直的状态。稍停2秒再呼气，同时将哑铃慢慢地放回到大腿的前面位置。

在做双臂两侧平举哑铃动作时，需要注意：一是哑铃的重量要适宜，动作过程不要太快；二是腕关节要始终保持平直。

②双臂两侧上举哑铃。双脚分开站立与肩宽，双手放在身体两侧各提一个哑铃，举到与肩平齐的位置，掌心朝前，挺胸收腹，背部平直，吸气。呼气，同时将哑铃举过头顶并让手臂伸直（但要微屈肘）。稍停2秒再吸气，同时将哑铃降到与肩部平齐的高度，反复练习15～20次，共3组。

在做双臂两侧上举哑铃动作时，需要注意：在举哑铃时要保持背部的平直，如果使背部向后倾斜，就有可能拉伤背部肌肉。

（3）背部动作

哑铃操的背部动作主要有提哑铃耸肩、屈身提哑铃。

①提哑铃耸肩。双手分别放在身体的两侧，手中各提一个哑铃，分腿直立，微屈膝挺胸、收腹，骨盆略向前倾，双眼向前看。吸气，同时慢慢地耸起双肩，

并向后转动，同时要尽量使哑铃贴近身体，保持这一姿势2秒，再呼气，同时慢慢地落下双肩，反复练习20～25次，共3组。

在做提哑铃耸肩动作时，需要注意：练习时不要驼背，收胯，注意使头部与脊骨保持在一条直线上。

②屈身提哑铃。双脚分开与肩稍宽，脚尖朝前，从臀开始向前屈身，双手紧握哑铃吸气。呼气，同时慢慢地将哑铃提向腹部上方并保持背部平直，保持这一姿势2秒，再吸气，同时慢慢地将哑铃放回到地上，反复练习10～15次，共3组。

在做屈身提哑铃动作时，需要注意：一是在过程中一直保持屈膝状态；二是哑铃重量要控制好。

（4）胸部动作

哑铃操的胸部动作主要有平躺向两侧举哑铃、抬膝平躺屈臂举哑铃。

①平躺向两侧举哑铃。平躺在长凳上，收腹，使身体形成一个四方形，双手握哑铃，并将它们提到胸部附近上举，两脚分开并平踩在地上。吸气，同时将双臂分别伸向身体的两侧，然后屈肘，双臂和肩部、胸部保持在同一水平位置，保持这一姿势2秒，再呼气，同时慢慢地让双臂一起回到胸部上方，反复练习8～10次，共3组。

在做平躺向两侧举哑铃动作时，需要注意：平躺的头部和脊椎骨要保持在一条直线上，并使后背紧贴在长凳上。

②抬膝平躺屈臂举哑铃。双手放在大腿的前面，手中各提一个哑铃，脸朝上向后平躺在长凳上，尽量保持背部的平直，并使躺在长凳上的身体形成一个四方形，收腹。将两个哑铃举到胸部的上方，再屈肘，并让双肘分别位于身体的两侧。吸气时双臂慢慢地伸过头顶，然后让双肘弯曲成向下的45°角，并使握在手中的两个哑铃指向地面；呼气，同时慢慢地将两个哑铃举回到胸部的上方，反复练习10～15次，共3组。

在做抬膝平躺屈臂举哑铃动作时，需要注意：在运动时不要让双肘弯曲的程度过大，以免使自己受伤。

3．原地哑铃操

（1）第一节

第一个八拍：

1 拍：左臂胸前屈，手贴右肩；

2 拍：右臂胸前交叉屈，拳心向内；

3 拍：左臂内旋至侧上举，拳心向前；

4 拍：右臂内旋至侧上举，拳心向前；

5 拍：双臂经侧至下举，击铃 1 次，同时屈膝成半蹲；

6 拍：双腿伸直，同时两臂经侧至上举，击铃 1 次；

7 拍：双腿屈膝成半蹲，同时左臂侧举，掌心向前，右臂胸前平屈，拳心向内；

8 拍：双腿伸直成开立，同时右臂经前摆至侧举，拳心向前，左臂胸前半屈，拳心向内。

第二个八拍同第一个八拍动作，但方向相反。

第三个八拍：

1 拍：右臂肩上侧屈，拳心向前，左臂不动；

2 拍：左臂内旋前伸至前举，拳心向下，右臂不动；

3 拍：右臂拉至肩上前屈，拳心向内，左臂不动；

4 拍：左臂肩上前屈，两肘相对；

5 拍：双肘上提至胸前平屈；

6 拍：双腿屈膝成半蹲，同时双臂以肘为轴向侧摆至侧举；

7 拍：双腿伸直成开立，同时左臂侧上举，拳心向外，右臂摆至侧下举，拳心向下；

8 拍：侧臂向下摆至侧举，右臂向上摆至侧举，两拳心向下。

第四个八拍同第三个八拍动作，但方向相反。

（2）第二节

第一个八拍：

1 拍：身体向左转体 90°，同时右臂摆至左侧举，两手掌心相对；

2 拍：身体向右转体 90°，同时右臂拉至胸前平屈，拳心向内；

3 拍：右臂以肘关节为轴向侧摆至侧举，拳心向前；

4 拍：双臂摆至上举，拳心向前；

5 ~ 6 拍：右膝内旋向左顶髋两次，同时两臂胸前屈向右侧摆，拳心向内；

7 拍：同 5 ~ 6 拍动作，但方向相反，顶髋 1 次；

8 拍：还原成开立，同时两臂侧举，拳心向前。

第二个八拍同第一个八拍动作，但方向相反。

第三个八拍：

1 拍：双臂前拳，拳心相对；

2 拍：双臂摆至上举；

3 拍：双臂侧上举，拳心向前；

4 拍：双腿屈膝成半蹲，同时双臂经侧绕至胸前平屈；

5 拍：双腿伸直，重心移至左腿，右脚侧点地，同时左臂摆至翻上举，拳心向外，右臂摆至侧下举，拳心向下；

6 拍：同 4 拍动作；

7 拍：同 5 拍动作，但方向相反；

8 拍：重心移至双腿成开立，同时双臂摆至下举。

第四个八拍同第三个八拍动作。

（3）第三节

第一个八拍：

1～2 拍：重心向左移至侧弓步，同时左臂侧举，拳心向下，右臂不动；

3～4 拍：重心移至右腿成侧弓步，同时左臂经上摆至上举，拳心向外，上体右侧倾，右臂不动；

5～6 拍：重心移至左腿成侧弓步，同时左臂拉至肩上侧屈，拳心向外，右臂摆至侧上举，拳心向外，上体左侧倾；

7～8 拍：重心移至右腿成侧弓步，同时右臂摆至胸前平屈，左臂内旋伸至前举，拳心向下。

第二个八拍：

1～2 拍：重心移至左腿成侧弓步，同时双臂前举，掌心相对；

3～4 拍：重心移至右腿成侧弓步，同时双臂外旋侧摆振胸 1 次至侧拳，拳心向前；

5～6 拍：重心移至左腿成侧弓步，同时双臂向上摆至上举，拳心向前；

7～8 拍：重心移至双腿成分腿开立，同时双臂经侧还原至下举。

第三个八拍同第一个八拍动作，但方向相反。

第四个八拍同第二个八拍动作，但方向相反。

（4）第四节

第一个八拍：

1～2拍：重心移至右腿，左脚侧点地，同时左臂肩上前屈向右侧上方摆，身体左侧屈，右臂不动；

3～4拍：重心移至左腿，右脚侧点地，同时左臂伸直经下绕至上举拳向内，上体右侧屈，左臂不动；

5拍：身体不动，右臂侧举，拳心向前；

6拍：身体不动，双臂头上屈，击铃1次；

7～8拍：上体还原成开立，同时双臂经侧还原成下举。

第二个八拍同第一个八拍动作，但方向相反。

第三个八拍：

1拍：双腿屈膝成半蹲，同时左臂向右绕至肩上侧屈，拳心向内；

2拍：双腿伸直成开立，同时向右转体90°，左臂向前冲拳，拳心向下，右臂不动；

3拍：向右转90°，同时双腿屈膝成半蹲，左臂向上摆至上举，拳心向前；

4拍：双腿伸直，同时左臂经侧还原成下举；

5～8拍：同1～4拍动作，但方向相反。

第四个八拍：

1拍：重心移至左腿成侧弓步，同时左臂肩侧举，拳心向内；

2拍：重心移至右腿成侧弓步，同时左臂伸至侧上举，拳心向外，上体右侧屈；

3拍：重心移至左腿成弓步，同时左臂头后屈，拳心向内，右臂侧举，拳心向前；

4拍：重心移至两腿成开立，同时双臂经侧还原至下举；

5～8拍：同1～4拍动作，但方向相反。

（5）第五节

第一个八拍：

1拍：重心移至左腿成侧弓步，同时左臂肩上侧屈，拳心向内，右臂摆至左前下举，拳心向内；

2拍：重心移至双腿成开立，同时右臂拉至肩上侧屈，拳心相对；

3～4拍：同1～2拍动作，但方向相反；

5拍：上体前屈，同时双臂伸至侧举，拳心向下，抬头挺胸；

6拍：上体抬起，同时双臂摆至体前交叉，拳心向内；

7拍：同5拍动作；

8拍：还原成开立，同时双臂下举。

第二个八拍：

1拍：上体左前侧屈，同时双臂上举屈臂，拳心向下；

2拍：上体移至右前侧屈，手臂动作同1拍；

3拍：上体抬起，同时双臂腰侧屈，拳心向上；

4拍：同预备姿势；

5～8拍：同1～4拍动作。

第三个八拍：

1～2拍：双臂侧举，拳心向前；

3～4拍：双臂上举交叉，右臂在前；

5～6拍：重心移至右腿，左脚尖侧点地，同时上体左侧屈，手臂不动；

7拍：重心移至左腿，左脚尖侧点地，同时上体右侧屈，手臂保持不动；

8拍：上体还原，同时双臂上举，拳心向前。

第四个八拍同第三个八拍，但方向相反。

（6）第六节

第一个八拍：

1拍：左脚向前一步，右脚后点地，同时双臂向前冲拳至交叉前举，右在上，拳心向下；

2拍：左腿支撑，右腿前踢，同时双臂侧举后振，掌心向前；

3拍：同1拍动作；

4拍：左脚并于右脚成直立，同时双臂置于腰际，拳心向上；

5～8拍：同1～4拍动作，但方向相反。

第二个八拍：

1拍：左脚前出一步，右脚后点地，同时双臂经前摆至侧上举，掌心向内；

2拍：左腿支撑，前踢右腿，同时双臂摆至前下举，腿下击铃；

3拍：右腿后迈一步，同时双臂经侧摆至上举，击铃1次；

4拍：左腿并于右腿成并立，同时双臂经侧还原至下举；

5～8拍：同1～4拍动作，但方向相反。

第三个八拍：

1拍：左脚侧出一步成开立，同时双臂前举，拳心相对；

2拍：右腿向侧踢，同时左臂上举，拳心向前，右臂下举，拳心向内；

3拍：右腿侧迈一步，同时右臂肩上侧屈，拳心向前，左臂经前摆至体侧，拳心向内；

4拍：左腿并于右腿成并立，同时双臂还原成下举；

5～8拍：同1～4拍动作，但方向相反。

第四个八拍：

1拍：左脚向右脚前迈一步，同时双臂向左侧摆，拳心向后；

2拍：左腿支撑，右腿屈膝向右侧踢，同时双臂经上向右侧摆臂，拳向前；

3拍：右腿落于左腿后侧，同时双臂经上摆至左侧举，拳心向前；

4拍：左脚并于右脚成并立，同时双臂还原至下举；

5～8拍：同1～4拍，但方向相反。

（7）第七节

第一个八拍：

1～2拍：左脚向侧一步，同时右腿向右屈扣顶左髋，弹振两次，左臂肩侧屈，拳心向内，右臂伸至上举，拳心向内；

3～4拍：同1～2拍动作，但方向相反；

5拍：同1～2拍动作，右臂摆至侧举，拳心向前；

6拍：同5拍动作，但方向相反；

7拍：向左顶髋，同时双臂上举，拳心向前；

8拍：左脚并于右脚成并立，同时双臂经侧摆至下举。

第二个八拍：

1拍：左脚向侧一步，向左顶髋，同时左臂侧举，拳心向前。

2拍：向右顶髋，同时左臂摆至胸前平屈，拳心向内；

3拍：向左顶髋，同时左臂上举，拳心向前；

4 拍：向右顶髋，同时左臂侧举，拳心向前；

5 拍：向左顶髋，同时左臂头后屈，拳心向前；

6 拍：向右顶髋，同时左臂伸直上举，拳心向前；

7 拍：向左顶髋，同时双臂前举，拳心向下；

8 拍：重心移至两腿成开立，同时左臂摆至下举。

4．跑跳哑铃操

（1）第一节

预备姿势：直立，双臂屈肘置于腰际，拳心相对。

第一个八拍：

1～3 拍：左臂开始原地走三步，手臂保持不动；

4 拍：右脚并于左脚成预备姿势；

5 拍：左脚侧伸，脚跟点地成右腿屈侧弓步，同时双臂经侧摆至上举击铃 1 次；

6 拍：右腿伸直，左脚并于右脚成并立，同时双臂经侧还原成下举；

7 拍：同 5 拍动作，但方向相反；

8 拍：还原成准备姿势。

第二个八拍：

1～4 拍：左脚开始原地走四步，同时双臂保持预备姿势；

5 拍：左腿后伸，脚尖点地，成右腿屈前弓步，同时双臂以肘为轴伸至后举，拳心相对；

6 拍：左脚并于右脚成并立，同时双臂以肘为轴拉至腰侧屈，拳心相对；

7～8 拍：同 1～2 拍动作，但方向相反。

第三个八拍：

1～4 拍：左脚开始原地走四步，同时手臂保持预备姿势；

5 拍：左腿向前高抬，同时双臂经肩侧屈至上举，拳心相对；

6 拍：左腿还原成并立，同时双臂拉至腰侧屈，拳心相对；

7～8 拍：同 5～6 拍动作，但方向相反。

第四个八拍：

1～4 拍：左脚开始原地走四步，同时手臂保持预备姿势；

5 拍：跳成分腿开立，同时双臂摆至侧举，拳心向下；

6拍：跳成并立，同时双臂摆至体侧成下举；

7～8拍：同5～6拍动作，但方向相反。

（2）第二节

第一个八拍：

1～3拍：左脚开始向前走三步，同时双臂前后自然摆动；

4拍：右脚并于左脚成并立，同时双臂伸直置于体侧；

5拍：右腿屈膝，左腿侧伸脚尖点地成侧弓步，同时两臂经体前交叉绕至上举，头上交叉，左臂在前，拳心向前；

6拍：左脚并于右脚成并立，同时双臂经侧绕至体前交叉，右臂在前，拳心向内；

7拍：同5拍动作，但方向相反；

8拍：还原成准备姿势。

第二个八拍：

1拍：左脚侧出一步成开立，同时双臂侧举，拳心向下；

2拍：右脚经左脚后向左迈一步，同时两手置于腰际，拳心向上；

3拍：同1拍动作，但方向相反；

4拍：右脚并于左脚成并立，同时双手置于腰际，拳心向上；

5～8拍：同1～4拍动作，但方向相反。

第三个八拍同第一个八拍动作，唯1～4拍向后行进。

第四个八拍同第二个八拍动作。

（3）第三节

预备姿势：直立，双臂屈肘置于腰际，拳心相对。

第一个八拍：

1拍：跳起成分腿蹲立，同时左臂内旋向前冲拳至前举，拳心向下；

2拍：跳起成并立，同时左臂外旋拉至腰际，同预备姿势；

3拍：同1拍动作，但方向相反；

4拍：同2拍动作；

5～7拍：跳起左脚向右跑三步，向左转体360°，同时双臂前后自然摆臂；

8拍：跳成并立，同预备姿势。

第二个八拍同第一个八拍动作，唯 5 ~ 8 拍向右转体 360°。

第三个八拍：

1 拍：跳成分腿开立，同时双臂侧举，拳心向下；

2 拍：跳成并立，同时双臂摆至体侧成下举；

3 拍：跳成左弓步，同时双臂摆至左侧上举，拳心向下；

4 拍：同 2 拍动作；

5 ~ 8 拍：同 1 ~ 4 拍动作，但方向相反。

第四个八拍：

1 拍：跳起成右侧弓步，同时双臂经前拉至左臂侧举，拳心向前，右臂胸前平屈，拳心向内；

2 拍：跳起成并立，同时双臂摆至体侧成下举；

3 拍：跳起成左侧弓步，同时双臂经前摆至左臂肩上侧屈，拳心向前，右臂侧举，掌心向前；

4 拍：同 2 拍动作，双臂经侧还原；

5 拍：跳起成分腿开立，同时双臂摆至前举，拳心向下；

6 拍：跳起成并立，同时双臂摆至体侧成下举；

7 拍：跳起成分腿开立，同时双臂摆至侧举，拳心向下；

8 拍：同 2 拍动作。

（4）第四节

第一个八拍：

1 拍：上半拍右腿微屈，前吸左腿，同时双臂保持下举动作；下半拍右腿蹬直跳起，同时左腿向前弹踢；

2 拍：左脚落地腿微屈，同时前吸右腿；

3 拍：同 1 拍下半拍动作，但弹踢右腿；

4 拍：同 2 拍动作，但方向相反；

5 拍：同 1 拍动作；

6 拍：跳成屈膝并立，同时向右转体 90°；

7 拍：左腿蹬直跳起，同时向右转体 90°，右腿向前弹踢；

8 拍：同 4 拍动作。

第二个八拍同第一个八拍动作，两个八拍共转体360°。

第三个八拍：

1拍：上半拍右腿微屈，侧吸左腿，同时双臂右侧摆；下半拍右脚蹬直跳起，同时左腿向侧弹踢，双臂向左侧摆，拳心向内；

2拍：左腿落地微屈，侧吸右腿，同时双臂自然下摆；

3~4拍：同1~2拍动作，但方向相反；

5拍：同1拍动作，唯左臂位下摆至侧举，拳心向下，右臂经侧摆至肩上侧屈，拳心向内；

6拍：同2拍动作；

7拍：同5拍动作，但方向相反；

8拍：还原成准备姿势。

第四个八拍：

1~4拍：左脚开始原地跑3次，同时双臂前后自然摆动；

5拍：并腿屈膝成半蹲，右髋向前摆，同时左臂摆至胸前平屈，拳心向内，右臂摆至侧举，拳心向前；

6拍：同5拍动作，但方向相反；

7拍：同5拍动作，唯左臂摆至上举，右臂摆至侧举，拳心向前；

8拍：同7拍动作，但方向相反。

（5）第五节

第一个八拍：

1~3拍：左脚开始向前走3步，同时双臂前后自然摆臂；

4拍：右脚并于左脚成直立，同时双臂置于腰际，拳心相对；

5拍：左腿前伸，脚跟点地成右腿屈后弓步，同时双臂向前上冲拳至交叉前上举，拳心向外；

6拍：左脚并于右脚成并立，同时双手置于腰际，拳心相对；

7~8拍：同5~6拍动作，但方向相反。

第二个八拍：

1拍：左脚向侧出一步成开立，同时双臂摆至侧举，拳心向下；

2拍：右脚经左脚后向左侧迈一步，同时双臂摆至体侧；

3 拍：同 1 拍动作；

4 拍：向左转体 90°，左腿屈，右腿在左脚旁点地，同时双手置于腰际，拳心相对；

5 拍：左腿保持不动，右腿后伸点地，同时左臂向左上方冲拳，拳心向外；

6 拍：左腿保持不动，右腿收至左腿旁点地，同时右臂拉至肩上侧屈；

7 拍：同 5 拍动作；

8 拍：向右转体 90°，同时右脚并于左脚成并立，双臂摆至体侧成下举。

第三个八拍同第一个八拍，但方向相反。

第四个八拍同第一个八拍，唯 1～4 拍向后行进。

（6）第六节

第一个八拍：

1 拍：跳起成分腿开立，同时双臂摆至胸前平屈，拳心向下；

2 拍：跳起成并立，同时双臂经体前摆至下举；

3 拍：跳起成开立，同时双臂经侧摆至上举，击铃 1 次；

4 拍：跳起成开立，同时双臂摆至胸前平屈，拳心向下；

5 拍：跳起向左转体 90°前弓步，同时左臂摆至侧举，拳心向下，右臂摆至侧上举，拳心向外；

6 拍：跳成并立，同时双臂摆至胸前平屈，拳心向下；

7 拍：同 5 拍，但方向相反；

8 拍：跳成并立，同时双臂摆至下举。

第二个八拍：

1 拍：跳起成开立，同时双臂经侧摆至上举，拳心向前；

2 拍：跳起成右腿支撑，左腿后披腿，同时双臂拉至肩侧屈，前臂外张，拳心向外；

3～4 拍：同 1～2 拍动作，但方向相反；

5 拍：跳成分腿开立，同时双臂内旋，向侧下方冲拳至体前交叉举，拳心向内；

6 拍：跳成并立，同时双手置于腰际，拳心相对；

7 拍：跳起成分腿开立，同时双臂内旋，向前冲拳至前举，拳心向下；

8 拍：跳成并立，同时双臂摆至体侧成下举。

第三个八拍：

1拍：上半拍双膝微屈；下半拍跳起成分腿开立，同时左臂摆至侧上举，拳心向前，右臂摆至侧下举，拳心向后；

2拍：跳成并腿蹲立，同时双臂经侧摆至下举；

3拍：同1拍动作，但方向相反；

4拍：同2拍动作；

5拍：跳起向左转体90°，右腿后举，同时左臂摆至前上举，拳心向内，右臂摆至侧举，拳心向后；

6拍：跳起向右转体90°，成并腿蹲立，同时双臂经侧摆至体侧成下举；

7~8拍：同5~6拍动作，但方向相反。

第四个八拍：

1拍：跳起成分腿开立，同时双臂胸前交叉屈，拳心向内；

2拍：跳起成并立，同时双臂摆至体侧成侧下举；

3拍：跳起成分腿开立，同时双臂经侧摆至上举，拳心向前；

4拍：跳成并立，同时双臂经侧还原至下举；

5拍：跳起前吸右腿，同时双臂经侧摆至侧上举，拳心向外；

6拍：跳起成并立，同时双臂经侧摆至体前交叉，拳心向后；

7拍：同5拍动作，但方向相反；

8拍：跳起成并立，同时双臂经侧摆至下举。

（三）健身球操的训练方法

1. 健身球操概述

健身球操是一种新兴、有趣、特殊的体育健身运动。健身球操最早出现在瑞士，因此也称为"瑞士球"，当时只是作为一种康复医疗设备。后来，健身球又被传到澳大利亚、美国、欧洲等国家和地区用来治疗颈椎、腰背、膝盖、肩部酸痛和精神紊乱等疾病，以提高病人的平衡能力。由于健身球在纠正体态、提高肌肉力量、促进身体平衡、康复功能等方面的显著作用，20世纪70年代这项运动被逐渐推向社会，成为一种新兴的健身项目。

2. 健身球操的基本动作

（1）适应性动作

在进行健身球操的练习前，要进行一些动作练习，来逐渐适应健身球操的力度和方式，具体来说，适应性的练习主要包括：坐球、躺球以及跪球。

①坐球。坐球是熟悉健身球的第一步。先把球置于靠近墙的位置，双腿尽量分开坐在球的正上方，而耳、肩、臀应在一条线上，做到上述要求以后，可以再让球远离墙壁坐球。

②躺球。球这个动作是许多胸部及臀部练习的重要组成部分，这个动作本身可以很好地锻炼人的臀部、腿部及后背部。双腿尽量分开坐在球的正上方。慢慢把腿前移，慢慢将球移至肩部，让臀部抬起与地面平行，颈部与头部很舒服地休息在球上，感觉身体平放于平面上。

③跪球。跪球这个动作是高级平衡的开始阶段，自信并有效地完成这个动作是发展高级平衡的前提。双腿分开站在球前，轻轻地将双膝置于球上并把双手放在球的上方，把球慢慢前移直到脚离开地面，可以在上面平衡足够长的时间。

（2）稳定性动作

稳定性动作主要包括：屈伸肩带、伸展肩带肌、背肌练习、背部伸展、臀部的抬伸练习、单腿稳定蹲坐、稳定蹲坐。

①屈伸肩带。像做俯撑一样把膝放在球上而双手扶地、夹臀、头与脊柱保持水平，让肩胛尽量展开再收缩。

②伸展肩带肌。使膝在球上而手在地面，动作有点像俯撑、臀部不要下垂；让头部与脊柱平行，让肩带骨尽量往远处伸。

③背肌练习。腹前部置于球上，手与脚分别在前后置于地面,让脚离地并控制。

④背部伸展。俯卧于球上，腿尖触地并尽量分开双腿，双手置于体侧，抬起胸部使其离开球并将手翻转使手掌心朝上，尽量让肩胛骨靠拢。

⑤大腿根、臀的抬伸练习。躺在地上，双脚放在球上，双手置于体侧，手心向下，抬起臀部，让脚、骨、肩在一条直线上。

⑥单腿稳定蹲坐。站在离墙 1 ~ 2 米处，把球放在下背部与墙之间，提起一条腿并让大小腿的夹角成90°，慢慢下蹲，另一条腿直到大腿与地面平行；双手侧平举。

⑦稳定蹲坐。站在离墙 1 ~ 2 米处，然后转身把球放在身体下背部与墙之间，人往下蹲直到大腿与地面平行，膝盖对准脚尖方向，保持这个姿势，手不要放在大腿上，而是伸展在体前。

3. 健身球操组合动作

本组合共有 32 个 8 拍的动作。

预备动作：侧立，双手抱球于体前，面向 7 点方向。

（1）组合动作一（4×8 拍）

第一个八拍：

1 ~ 2 拍：左右脚依次原地踏步，一拍一动，同时双臂抱球前平举；

3 ~ 4 拍：脚同上，右转 90°，手还原；

5 ~ 8 拍：脚同上，同时两臂上举，还原。

第二个八拍：

1 ~ 4 拍：左右脚依次原地踏步，同时双臂抱球，依次自左侧平举，之后还原，向右侧平举，之后还原，一拍一动；

5 ~ 8 拍：左右脚依次原地踏步，同时双臂抱球从左侧开始绕环一周；

第三个八拍：

1 ~ 4 拍：左脚向侧点地，还原，同时双臂抱球于右斜上方举，还原，两拍一动；

5 ~ 6 拍：左脚向侧并步跳，同时双臂抱球从右侧开始绕还一周；

7 ~ 8 拍：右脚并左脚。

第四个八拍同第三个八拍动作，但方向相反。

（2）组合动作二（8×8 拍）

第一个八拍：

1 ~ 2 拍：双手持球放于地上；

3 ~ 4 拍：左手拨球滚至身后，球贴近身体；

5 ~ 8 拍：左脚向侧迈一步成马步，坐于球上，两拍一动。

第二个八拍：

1 ~ 8 拍：左右手臂依次从体侧至上举，之后还原，两拍一动。

第三个八拍：

1 ~ 4 拍：左脚伸直侧点地，左臂上举，右手扶腿，向右稍侧屈，还原；

5～8拍：同1～4拍动作，但方向相反。

第四个八拍：

1～8拍：左右脚依次提踵，同时左右肩依次提肩，两拍一动。

第五个八拍：

1～8拍：双脚同时提踵，同时双肩向上提肩，两拍一动。

第六个八拍：

1～8拍：含胸时双臂胸前交叉，展胸时两臂向后振臂，手心向上。

第七个八拍：

1～4拍：向左右依次撅臀，同时带动球滚动，双臂侧平举；

5～8拍：臀部从右往左绕还一周，同时带动球滚动，双臂从前开始往后绕环。

第八个八拍同第七个八拍动作，但方向相反。

（3）组合动作三（5×8拍）

第一个八拍：

1～8拍：坐于球上，向左慢慢移动身体，面向7点方向。

第二个八拍：

1～2拍：双臂于体后侧触球；

3～4拍：伸直两腿；

5～8拍：双手于体侧撑地，同时身体后倒，躺于球上，控制平衡。

第三个八拍：

1～8拍：左腿慢慢地向上抬起，之后还原，4拍一动。

第四个八拍同第二个八拍动作，但方向相反。

第五个八拍：

1～4拍：双腿屈膝半蹲，带动球往前移动，球贴于后背，同时双臂胸前屈；

5～8拍：双腿伸直，带动球往后移动，躺于球上，同时双臂侧半举。

（4）组合动作四（5×8拍）

第一个八拍：

1～2拍：双手于体侧扶球；

3～4拍：双腿收回成马步，同时身体慢慢抬起；

5～6拍：身体立直；

7~8拍：坐于球上。

第二个八拍：

1~4拍：左腿前抬，同时右臂前平举，还原，两拍一动；

5~8拍：同1~4拍动作，但方向相反。

第三个八拍：

1~4拍：左腿侧抬，还原；

5~8拍：同1~4拍动作，但方向相反。

第四个八拍：

1~8拍：坐于球上慢慢向右移动身体，右转90°，面向1点方向。

第五个八拍：

1~2拍：直立；

3~4拍：左脚并右脚，左手扶球；

5~6拍：半蹲，用左手拨球滚至体前；

7~8拍：两臂抱球，直立。

（5）组合动作五（8×8拍）

第一个八拍：

1~4拍：向前走4步，同时慢慢降低身体重心，同时双臂抱球从腹前慢慢上举；

5~8拍：同1~4拍动作，但方向相反。

第二个八拍：

1~8拍：左右脚依次向侧迈出一步，或马步，双臂抱球侧举，两拍一动。

第三、四个八拍同第一、二个八拍动作。

第五个八拍：

1~4拍：左脚向侧迈出一步同时向后顶髋，右脚并左脚，同时双手抱球左侧前举，之后收回于体侧，1拍一动，面向7点方向；

5~8拍：左右脚依次原地做登山步，同时双臂抱球依次左右侧斜下举，面向1点方向。

第六个八拍同第五个八拍动作，但方向相反。

第七个八拍：

1～4 拍：右脚向左斜 45° 方向行进间侧摆腿跳两次，同时双臂抱球于侧上，还原，一拍一动，面向 8 点方向；

5～8 拍：左右脚依次原地做登山步，同时双臂抱球依次左右侧斜下，两拍一动，面向 1 点方向。

第八个八拍同第七个八拍动作，但方向相反。

（6）组合动作六（2×8 拍）

第一个八拍：

1～2 拍：左脚向后侧一步成右弓步，同时双臂抱球前上举，面向 3 点方向；

3～4 拍：左脚并右脚，同时双臂抱球于腹前，面向 1 点方向；

5～8 拍：并腿半蹲，双臂持球头上举，之后收回。

第二个八拍同第一个八拍，方向相反。

三、健身街舞训练

（一）健身街舞基本动作训练

1. 基本步伐

（1）踏步。右腿屈膝抬脚，上体收腹向下压。

（2）侧向踏步。屈膝抬脚，上体收腹向下压，向右侧落右腿，同时上体展腹抬起。

（3）侧滑步。右腿向右侧跃出一步，双臂自然打开，同时左腿向右跟步侧滑；左腿原地踏步一次；换腿重复上述动作，回到起点。

（4）交叉步。动作开始前，两臂侧平举，为的是动作开始后保持身体平衡，以右腿先动为例，动作开始后，右腿向左侧做交叉步，右脚落点在左脚的左前方，此时髋关节随右腿运行轨迹转动；然后左脚向左侧平移，成开立状，两脚尽量在一条水平线上，在完成这一动作后，右腿向左腿的左后方做交叉步，右脚落点在左腿的左后方，髋关节同样随右腿轨迹转动；然后左脚向左侧平移，成开立状。换腿换方向重复上述动作。

（5）开合步。双腿向外跳成分腿屈膝，向内跳成合腿。

（6）前侧点步。右脚前点，同时双臂体前直臂交叉；右脚侧点，同时双臂向侧打开。

2. 肢体动作

（1）珍妮特转髋。右腿以脚跟为轴，前脚掌向右侧转动，左脚以脚尖为轴脚跟向左侧转动；两脚转动还原成全脚着地；左脚以脚跟为轴向左侧转动，右脚以脚尖为轴向右侧转动。

（2）头转。用头转，注意要用手和脚去旋转。

（3）单臂分腿转。该动作要求整个身体做完整的旋转，旋转动作的完成依靠手臂转换完成，一只手做圆形的动作而不运用身体的力量，另一只手再做同样的动作。

（4）扣膝转踝。右腿向右侧一步，膝关节向外转，脚跟顶起向内转动，同时右前臂旋；右脚跟向外转动，膝向内扣，同时右前臂内旋。

（5）倒立手转。用一只手倒立，尽可能地旋转直到脚着地为止。

（6）波浪。由下到上的波浪，以膝开始波浪，经过髋、躯干直到胸部。

3. 基本技术

（1）弹动

在街舞中，最基本的动作就是身体的弹动。这个过程是通过膝关节的弹动、踝关节的保护和髋关节的屈伸来实现的。在街舞的动作中，每一个动作都包含了两个以上的关节配合动作，其中首要的就是身体的弹动，然后才是其他的配合动作。如街舞的原地踏步练习，首先是膝关节的弹动，有了弹动的感觉后，再配合其他不拘一格的身体动作（如甩头、摆手等），就构成了原地踏步动作。当舞者能够随心所欲地做到身体弹动时，接下来就要增大动作幅度，使身体的每一个部位都有弹动的感觉，这时舞者的动作就会自然而松弛，节奏感强烈而韵味十足。

（2）缓冲

街舞的缓冲技术主要表现在膝关节的弹动、踝关节的缓冲和髋关节的屈伸三个方面。该技术与动作息息相关，可以使舞者把握街舞的动作特色。在街舞的练习中，膝关节几乎很少伸直，多数是在微曲或弹动的状态下完成动作的。

（3）控制力

街舞属于技巧性较高的运动项目，要求舞者具有较高的力量、柔韧性和协调性，特别是肢体的自我控制力。在街舞动作中，同样的一个动作，力度和侧重点不一样，出来的效果也不一样。在有的动作中，当需要体现上肢的爆发力时，手臂肌肉力量就要加强；当需要体现腿部动作时，就要有侧重地控制腿部肌肉，让腿部力量达到要求。

（4）重心转换技术

街舞在重心的移动技术方面主要表现在动作方向的变化上，通过前、后、左、右的移动，使身体运动的路线发生丰富的变化。街舞的重心转换技术主要靠左右脚支撑的变化来实现，可以说除了上肢和躯干的动作之外，这一技术动作占据了很大的比例，它使街舞动作具有律动感和技巧性，从而展现了街舞的基本特色。

（二）健身街舞组合动作训练

1. 街舞初级组合

（1）第一个八拍：

①步伐：1～2拍右脚前点，挺胸；3～4拍左脚前点，挺胸；5～6拍，挺胸两次；7～8拍上体下压绕环。

②手臂：1～2拍直臂下压；3～4拍屈前臂；5～6拍放松下垂；7～8拍扶大腿支撑。

③手型：1～4拍五指分开，屈腕；5～8拍五指分开。

④面向：1～4拍1点；5～6拍2点；7～8拍8点。

（2）第二个八拍：

①步伐：1～2拍右腿后交叉双膝同时屈；3～4拍左腿后交叉双膝同时屈；5～8拍屈膝弹动同时转体4次。

②手臂：1～4拍直臂放于体侧，随身体摆动；5～8拍直臂左右抬起。

③手型：1～4拍放松打开；5～8拍半握拳。

④面向：1～2拍，5～7拍2点；3～4拍，6～8拍8点。

（3）第三个八拍：

①步伐：1～2拍右膝内扣，身体左转；3～4拍反向；5拍提右膝；6拍提左膝；7～8拍后并腿。

②手臂：1～2拍右臂伸直向右展开；3～4拍左臂向左展开；5～8拍屈臂下压。

③手型：1～4拍半握拳；5～8拍五指分开下压。

④面向：1～2拍8点；3～4拍2点；5～8拍1点。

（4）第四个八拍：

①步伐：1～2拍迈左腿并右腿；3～4拍迈右腿并左腿；5～6拍左侧身体波浪，7～8拍右侧身体波浪。

②手臂：1～4拍直臂左右摆动：5～8拍屈前臂随身体内收外展。

③手型：1～4拍五指分开；5～8拍半握拳。

④面向：1点。

2．街舞中级组合

（1）第一个八拍：

①步伐：1拍"哒"分腿；2～4拍分腿屈膝；5拍直腿捂右腿；6拍直腿抬左腿；7～8拍分腿屈膝向前跳。

②手臂：1拍右大腿，"哒"拍左大腿；2～4拍双臂屈扶大腿；5拍左臂直臂后绕；7～8拍自然下垂。

③手型：五指分开。

④躯干：3～4拍身体波浪。

⑤面向：1点。

（2）第二个八拍：

①步伐：1～2拍右踝内收两次；3～4拍左膝放、抬、放；5拍上右腿；6拍"哒"左膝外展内收；7～8拍屈膝弹动。

②手臂：1～2拍双臂下垂；3～4拍屈臂伸、屈、伸；5～6拍自然下垂；7～8拍双臂放头后。

③手型：五指分开。

④面向：1～5拍1点；6拍8点；8拍5点。

（3）第三个八拍：

①步伐：1拍出右腿；2拍收右腿；3～4拍左转90°。同1～2拍，5拍上左腿，6拍上右腿，7拍跳步双腿后撤，8拍分腿左转。

②手臂：1、3拍双臂侧下压；2、4拍放体侧；5拍自然摆动；6拍双臂前伸；7拍双臂后伸；8拍屈臂。

③手型：五指分开。

④面向：1拍7点；2拍5点；3～7拍3点；8拍7点。

（4）第四个八拍：

①步伐：1～2拍侧恰恰步：3～4拍收右腿并左腿；5～6拍并腿左转髋；7拍右弓步；8拍左弓步。

②手臂：1拍右前臂绕环；2拍右肩绕环；3拍屈臂向上；4拍屈臂后提；5～6拍双臂屈臂；7拍双臂右侧伸；8拍双臂左侧伸。

③手型：五指分开。

④面向：1～4拍3点；5～6拍5点；7拍6点；8拍4点。

3. 街舞高级组合

（1）第一个八拍：

①步伐：1～2拍左右上两步，"哒"左后屈膝；3拍左腿伸"哒"吸压腿；4拍伸左腿；5～6拍左腿前迈并步；7～8拍由下向上波浪。

②手臂：1～2拍前后屈臂；3～4拍自然下垂；5拍双臂后拉；6～8拍自然下垂。

③手型：五指分开。

④面向：1～3拍1点；4～8拍8点。

（2）第二个八拍：

①步伐：1拍左腿前伸屈腿蹲；2拍并腿；3～4拍左右膝外展；5～6拍吸右腿前弓步；7拍左膝侧后屈，"哒"左腿侧伸；8拍并步。

②手臂：1拍双手下压；2拍双手放头后；3拍右臂打开；4拍左臂打开；5拍右手扶左大腿"哒"左手扶右大腿；6拍右臂侧伸；7拍右手摸右脚"哒"侧伸；8拍屈臂。

③手型：五指分开。

④面向：1点。

（3）第三个八拍：

①步伐：1～2拍左腿屈伸；3～4拍左腿后撤恰、恰、恰；5～6拍屈右左膝上步；7～8拍吸腿后撤步。

②手臂：自然摆动。

③手型：五指分开。

④面向：1～2、8拍1点；3～7拍8点。

（4）第四个八拍：

①步伐：1～2拍并步；3～4拍分腿屈膝；5～7拍屈膝弹动；8拍吸右腿。

②手臂：1～2拍依次伸左右臂；3～4拍双手依次拍右左大腿；5拍双臂右摆；6拍双臂左摆；7～8拍屈前臂左绕。

③手型：1～2拍拳；3～4拍五指分开；5～6拍拳；7～8拍五指分开。

④躯干：5拍含胸；6拍挺胸；7拍右绕肩；8拍左绕肩。

⑤面向：1点。

第二节　流行健美操训练方法

一、有氧拉丁操训练方法

（一）有氧拉丁操的特点与功能

1. 有氧拉丁操的特点

（1）热烈奔放。有氧拉丁操的风格特点是热烈奔放，在锻炼身体的同时，还可以放松身心。拉丁操要求百分之百的情绪投入，越是淋漓尽致地把拉丁舞的感觉发挥出来，就越能放开，呈现出一种无所顾忌，在音乐中释放的状态。有氧拉丁操的音乐热情奔放，充满激情，通常用迪斯科的节奏加上拉丁风格的配器，能使练习者在锻炼的同时感受异域的风情和文化。

（2）锻炼全面。在从事有氧拉丁操运动时，健身者全身大部分的关节和肌肉都会参与锻炼，因此，全身减脂的效果也非常好。有氧拉丁操的锻炼的重点在于腰部和髋部，同时也能使大腿内侧得到充分的锻炼。

（3）负荷强度小。有氧拉丁操负荷强度非常小，适合所有人群练习。但由于拉丁操具有自由随意、热情奔放、节奏明显等特点，因而更适合年轻人参加。

（4）更具健身性和普及性。有氧拉丁操在动作细节上减少了专业拉丁舞的规范和双人配合的要求，使其更具健身性和普及性。

2．有氧拉丁操的功能

（1）有氧拉丁操以多关节运动为主，还增加了一般健身练习中较少练习到的髋部及腰腹部练习，故对提高髋部和腰部的灵活性和身体协调性有明显的作用。

（2）有氧拉丁操以拉丁舞为基础，大量吸收了拉丁舞的动作风格和特点，不但具备减脂和塑造身体线条的锻炼价值，同时也具备较强的表演性和欣赏性。

（3）通过有氧拉丁操的练习，可使练习者达到减脂和塑形的作用，同时也可提高练习者创造美、欣赏美的能力。

（二）有氧拉丁操的健身动作

有氧拉丁操主要包括热身、有氧练习、放松和伸展四个部分。其中，热身部分主要针对练习者身体局部灵活性的锻炼；有氧练习部分的主要目的是减脂和增加心肺功能；放松和伸展部分则主要为了放松健身者在练习过程中产生紧致的肌肉，舒展肌肉线条，避免运动后的疼痛。

从技术动作的角度来说，有氧拉丁操的动作难度并不大，但对动作的用力方法和节奏的掌握一定要恰到好处。一般而言，有氧拉丁操动作的用力顺序是从下到上、由里向外，即所有力量来自地面对身体的反作用力，由脚传到腿到髋到腰再到躯干。而手臂的动作是由躯干内部发力向外延伸，另外全身各部位的协调用力是完成好动作的关键，如基本动作中，左膝内扣，髋右转动时躯干应左转，也就是左右两侧的对应要形成对抗状况，这样能积蓄力量来完成接下来的动作。此外，有氧拉丁操基本动作在其技术动作中有着非常重要的地位，学习时一定要注重。下面介绍几项常见的有氧拉丁操基本动作：

1．抖肩（Shaking of shoulders）

在做抖肩动作时，健身者需双臂伸直侧下举，五指分开，掌心向前，左肩前顶，右肩后展，再右肩前顶，左肩后展。

2．恰恰步（chacha）

恰恰步节奏形成为1哒2，即两拍三动的形式。以右侧恰恰步为例，在健身者健身时右腿向右侧迈出1拍"哒"，左腿并步；右腿再向右侧迈出。应当注意的是，恰恰步的变化很多，可以向侧、向前、向后；可以并步或交叉步；可以单独做或结合别的步伐一起完成。

3. 曼波步（mambo）

节奏形成为均匀的节奏，没有切分节拍，可以前后、向侧或结合转体动作。在传统健美操中也常用这个步伐。运用该技术动作时，左脚向前一步，重心前移，同时向左摆髋。随后，重心后移至右脚，同时向右摆髋。左脚向后一步，重心后移，同时向左摆髋。然后，重心前移至右脚，同时向右摆髋。做曼波步时，双臂屈肘于腰间自然摆动。

4. 桑巴步（samba）

桑巴步的节奏形式也是 1 哒 2，两拍两动，但与恰恰步不同的是它的"哒"拍时间很短，并且完成动作时节拍要有短暂的停顿。以向右的桑巴步为例，在健身者健身时蹬左腿向右一步，重心右移，同时身体左转。"哒"左腿向右腿后点一步，同时右腿微微屈膝抬起，重心在左腿；把重心移至右腿，右脚原地点地一次。桑巴步也可用来做移动或连续多次使用，整个动作主要注意髋部随着重心移动而左右摆动。

（三）有氧拉丁操的组合训练方法

1. 有氧拉丁操组合训练一

（1）第一八个拍

面向 1 点钟方向，五指分开，手臂随身体摆动。1～2 拍右侧并步，3～4 拍右侧恰、恰、恰，5～6 拍右腿后伸，7～8 拍左前恰、恰、恰。

（2）第二八个拍

在 1～4 拍时身体面向 1 点钟方向，5～6 拍时面向 8 点钟方向，7～8 拍时面向 2 点钟方向。五指自然分开，1～4 拍随身体摆动，5～8 拍手臂打开与伸腿方向相对。1～2 拍右前恰、恰、恰，3～4 拍左前恰、恰、恰，5～6 拍右脚左前交叉点，7～8 拍左脚右前交叉点。

（3）第三八个拍

面向 1 点钟方向，五指分开，手臂随身体摆动。1～2 拍右左前进两步，3～4 拍恰、恰接后屈左膝，5～6 拍后退左恰、恰、恰，7～8 拍后退右恰、恰、恰。

（4）第四八个拍

面向 1 点钟方向，五指分开，手臂随身体摆动。1～2 拍左侧弓步，3～4 拍收左腿恰、恰、恰，5～8 拍与 1～4 拍动作相反，5～6 拍右侧弓步，7～8

拍收右腿恰、恰、恰。

2. 有氧拉丁操组合训练二

（1）第一个八拍

面向 1 点钟方向，五指分开，手臂随身体摆动。1 ~ 2 拍出右腿转髋，3 ~ 4 拍收右腿，5 ~ 6 拍出左腿转髋，7 ~ 8 拍收左腿。

（2）第二个八拍

面向 1 点钟方向，五指分开，手臂随身体摆动。1 ~ 2 拍右侧桑巴步，3 ~ 4 拍并腿，5 ~ 6 拍左侧桑巴步，7 ~ 8 拍并腿。

（3）第三个八拍

除 3 ~ 4 拍面向 8 点钟方向外，其他节拍都面向 1 点钟方向，五指自然分开，手臂随身体摆动。1 ~ 2 拍右侧并步，3 ~ 4 拍左后交叉恰恰，5 ~ 8 拍一字步。

（4）第四个八拍

面向 1 点钟方向，五指分开，手臂 1 ~ 4 拍随身体摆动，5 ~ 6 拍左臂前伸，右臂后伸，7 ~ 8 拍相反。连续进行左"V"字步移动。

二、有氧踏板操训练方法

（一）有氧踏板操的特点与功能

1. 有氧踏板操的特点

（1）运动负荷的可控性较大

有氧健身运动的强度一般保持在中、低水平，要准确把握和控制运动强度，对于经验不足的健美操指导员和初级健身者来说较为困难，踏板操则很容易达到这一要求。调整踏板下的垫板高度可以使人们很容易就能调节运动强度。完成同样的动作，踏板高度越高，运动强度就越大，能量消耗也越大；反之，则越小。因此，健身者就可以轻而易举地根据自身的条件和锻炼目的选择不同高度的踏板。

高强度练习一般不超过 1min，通常上板时强度大、下板时强度小，高强度练习对初学者一般不适用。

（2）较好的安全性

由于踏板操主要在踏板上不停地上下、前后移动，跳跃性动作相对较少，并且下板时，脚与地面接触的过程多为缓冲动作，因此，就使得下肢关节具有明显的屈伸和过渡，从而最大限度地避免了长时间跳跃造成的运动损伤。踏板练习者上板时，要注意提高重心高度，下板时要注意降低重心高度，同时腿、臀发力加以控制，这有利于保护下肢关节和韧带。

（3）较强的娱乐性

踏板的使用，使得动作内容大大增加，因此，在练习时就可以充分利用踏板的面以及踏板的4个角来完成上、下板的连接动作或单纯的板上运动。同时，也可以按需要将踏板摆成不同的位置，如横板、纵板，也可以同时利用2块、3块甚至4块踏板进行练习，从而增加踏板动作的有趣性。但要注意，在利用踏板的角运动时，要防止踩偏和踏空。

2. 有氧踏板操的功能

（1）提高心肺功能

在进行有氧踏板操锻炼时，由于人体要克服自身重力的负荷，因此在完成同样的动作时，在踏板上练习要比在平地上练习消耗的能量多，而这种有氧运动负荷的合理增加，有利于提高人体的心肺功能。

（2）培养练习者良好的方位感

相较于地面，在踏板上练习健美操增加了许多难度，因为踏板是一个立体物，有高度、长度、宽度，很难像在平地上那样随心所欲地自由练习。例如，离踏板太近或抬腿不够容易将踏板踢翻；离踏板太远又踏不上踏板；迈步过大或踩在踏板边缘容易摔倒等。这都需要健身者具备良好的位置感觉，包括对自身位置及踏板位置的感觉。另外，踏板的形状接近于一个长方体，健身者在踏板上完成组合动作时，经常会有方向的变化，如果方向把握不正确往往会踏不到正确位置或跟不上节拍，而通过长期踏板练习将帮助健身者建立极佳的方位感。

（3）塑造良好的下肢形体

在有氧踏板操运动中，大腿和臀部的肌肉是最经常锻炼的部位。在完成所有上、下踏板的动作中它们主要是克服自身重力来上、下踏板的，完成相对应的技术动作，而这个阻力相对最大力量要小很多。因此，踏板属于长时间的小重量抗阻肌肉练习，能够起到消耗腿部、臀部多余脂肪，突出肌肉线条而又不增加肌肉围度的效果，对塑造健美的腿部和臀部具有良好的作用。

（二）有氧踏板操的健身动作

有氧踏板操基本动作可以根据自身的需要，进行创新和练习。下面介绍几种比较常见的基本动作：

预备姿势：面对踏板，直立，双腿并拢，双手叉腰。

（1）上下板：学生面对踏板，双脚依次上、下板；左脚上板；右脚上板，双腿并拢；左脚下板；右脚下板，双腿并拢。上下板可以变形为"V字步"和"A字步"。"V字步"是健身者站在地上，双腿并拢，成立正姿势；板上，双腿分开，同肩宽。"A字步"是健身者站在板上，双腿并拢，成立正姿势；地上，双腿分开，同肩宽。

（2）点板：点板是健身者面对踏板，双手叉腰；左脚脚跟点在板上，然后收回，成立正姿势。重心落在地面的脚上，点板脚为虚点步。

（3）单腿支撑：单腿支撑是一种交替上板的动作，每次上板都改变引脚。单腿支撑，另一条腿为动力腿或做动作腿。单腿支撑可以变形为提膝、侧踢、后抬腿、前踢。

（4）转板：转板是一种转体180°的交替步伐或是转体的交替"V字步"。在板的一侧经过板上到板的另一侧下板。健身时，健身者右脚上板，1/4转向前面，左脚上，右脚下，然后再左脚下。转板可以在第四拍变形为前提膝或后屈腿。

（5）过板：过板是在板的一侧经过板上到板的另一侧，方向不变；可横板、可竖板。过板可以变形为在板上可小跳或小吸腿跳。

（6）板上落：这是一种交替落脚的着地步伐。在板上开始动作，要注意以较慢的速度开始，落地是前脚掌落地。板上落可以变形为单单双、后脚落、倒蹲。

（7）跨板：可以在板上下板，双脚跨在板两侧，从板两侧上板。注意脚落板和上板的位置。跨板可变形为单侧落下，上板时前吸、前踢、侧踢，从板侧开始跨板。

（三）有氧踏板操的组合训练方法

1. 有氧踏板操初级组合训练

初级动作组合的每个动作重心和全脚掌都要落在板上，离板近的脚先上板。每个组合均为32拍的右、左脚组合，即右脚先开始，32拍组合动作结束时的最后一拍动作落在右脚上，接着左脚开始完成反方向的32拍组合动作。

（1）初级组合训练一

①第一个八拍：面向1点钟方向，双手握拳。1～4拍双臂体侧屈肘，前后摆动，右脚一字步上下板；5～8拍同1～4拍。

②第二个八拍：1～2拍面向8点钟方向；3～4拍和7～8拍面向1点钟方向；5—6拍面向2点钟方向。双手握拳，双臂体侧屈肘前后摆动。1拍右脚上板；2拍左脚后屈；3～4拍下板；5～8拍同1～4拍。

③第三个八拍：1～2拍面向8点钟方向；3～4拍和7～8拍面向1点钟方向；5～6拍面向2点钟方向。双手握拳，双臂体侧屈肘前后摆动。1拍右脚上板；2拍左脚前吸腿；3拍左脚下板：4拍右脚点地；5拍左脚点板；6拍左腿前吸；7～8拍下板。

④第四个八拍：1～6拍面向3点钟方向，7～8拍面向1点钟方向。双手握拳，双臂体侧屈肘前后摆动。1～4拍向右45°上板吸腿一次，5～8拍向左45°上板吸腿一次。

（2）初级组合训练二

①第一个八拍：1拍右脚点板；2拍右脚下板；3～4拍相反；5～8拍右脚一字步上下板1次。1～4拍双臂在体前击掌；5～8拍双臂体侧屈肘握拳前后摆动。

②第二个八拍：1～2拍右腿上板"V字步"；3～4拍下板内转90°；5～8拍同1～4拍但方向相反。双臂体侧屈肘握拳前后摆动。

③第三个八拍：1～2拍右脚上板"V字步"；3～4拍下板；5～8拍同1～4拍。双手握拳，双臂自然前后摆动。

④第四个八拍：1拍右脚上板：2拍左脚前吸腿：3拍左脚点地；4拍左腿前吸；5拍左脚点地；6拍左腿前吸；7～8拍下板。双手握拳，双臂自然前后摆动。

2. 有氧踏板操中级组合训练

每个组合均为32拍的右、左脚组合，即右脚先开始，结束时的最后一拍动作也落在右脚上，随后左脚开始完成反方向的32拍组合动作。

（1）中级组合训练一

①第一个八拍：1拍右脚上板，2拍左脚前吸腿，3～4拍脚下板；5～8拍左脚上板"V字步"下板后内转90°。双手握拳，1～4拍双臂自然前后摆动，5～8拍双臂体侧屈肘前后摆动。

②第二个八拍：1拍右脚上板；2拍左脚上板同时右腿跳吸：3～4拍过板下板；5拍右脚向前一步；6拍左脚上步；7拍转体180°；8拍向前走一步。1拍双臂胸屈；2拍双臂上伸；3拍双臂胸屈；4拍双臂体侧：5～8拍双臂自然前后摆动。其中，手形1～4拍为拳、掌；5～8拍为拳。

③第三个八拍：1拍右脚侧上板，2拍左脚前吸腿，3拍左脚下板，4拍右腿后伸，5拍右脚上板，6拍左脚后抬，同时后绕过板，7～8拍左转90°下板。1～4拍双臂自然前后摆动，5拍双臂胸前弯曲，6拍双臂上伸，7～8拍双臂落在体侧。其中，手形1～4拍为拳，5～8拍为拳、掌。

④第四个八拍：1拍右脚上板，2拍左腿侧抬，3～4拍下板，5～8拍同1～4拍但方向相反。1～2拍双臂侧举，3～4拍双臂自然落下，5～8拍同1～4拍。注意练习时掌心要向前。

（2）中级组合训练二

①第一个八拍：面向I点钟方向。1～4拍双手五指自然分开，双臂侧平举；5～8拍双手握拳，双臂自然前后摆动。1拍右脚上板，2拍左腿侧抬，3～4拍下板，5拍左腿跳上板同时右腿侧抬，6拍板上跳左腿侧摆一次，7～8拍左脚下板。

②第二个八拍：1～2拍面向2点钟方向，3～4拍面向3点钟方向，5～6拍面向1点钟方向，7～8拍面向7点钟方向。1～4拍五指自然分开，掌心向外，双臂斜上举；5～8拍左手握拳，左臂前伸侧落，右手叉腰。1拍左脚上板，2拍右腿后抬，3～4拍下板，5拍左脚上板，6拍右腿后屈跳并左转90°，7拍右脚先下板，8拍左脚并拢。

③第三个八拍：I～2拍面向7点钟方向，3～4拍面向6点钟方向，5～6拍面向1点方向，7～8拍面向3点钟方向。1～4拍五指自然分开，掌心向外，双臂斜上举；5～8拍右手握拳，右臂前伸侧落，左手叉腰。1拍右脚上板，2拍右腿后抬，3～4拍下板，5拍右脚上板，6拍左腿后屈跳并右转90°，7拍左脚先下板，8拍右脚并拢。

④第四个八拍：1～2拍面向3点钟方向，3～4拍面向1点钟方向；5～6拍面向2点钟方向，7～8拍面向1点钟方向。双手握拳，双臂上伸。1拍左侧双腿跳上板，2拍板上小跳一次，3拍左脚先下板，4拍右脚并拢，5拍右侧双腿跳上板，6拍板上小跳一次，7～8拍下板。

3. 有氧踏板操高级组合训练

高级组合训练的每个组合均为 32 拍的右、左脚组合，即右脚先开始，结束时的最后一拍动作也落在右脚上，随后左脚开始完成反方向的 32 拍组合动作。

（1）高级组合训练一

①第一个八拍：1 拍右脚上板，2 拍左脚前吸腿，3 ~ 4 拍左侧下板，5 ~ 8 拍左脚左侧上板同时侧并步横过板。1 ~ 4 拍双臂体侧屈肘前后摆动，5 ~ 8 拍双臂胸前交叉向外绕。1 ~ 4 拍手形为拳，5 ~ 8 拍注意掌心要向外。

②第二个八拍：1 拍左脚从右侧上板，2 拍右腿前吸上板，3 ~ 4 拍下板，5 ~ 6 拍板下右脚左斜前漫步，7 ~ 8 拍右脚侧并步。双手握拳，1 拍双臂弯曲，2 拍右臂侧举，左臂胸前平屈，5 ~ 6 拍左臂前举，右臂上举，7 ~ 8 拍双臂侧平举。

③第三个八拍：1 拍左脚尖板上左侧点，2 拍右脚尖板上右侧点，3 ~ 4 拍下板恰、恰，5 拍右脚上板，6 拍左腿侧抬，7 ~ 8 拍下板。双手握拳，双臂自然前后摆动。

④第四个八拍：1 拍右脚侧上板，2 拍左腿侧抬跳同时后绕，3 ~ 4 拍过板下板，5 ~ 6 拍左腿绕板左转 45° 恰、恰，7 ~ 8 拍右腿绕板左转 45° 恰、恰。1 ~ 2 拍双臂上举，3 ~ 4 拍双臂自然落下，5 ~ 8 拍双臂自然前后摆臂。注意 1 ~ 4 拍时掌心要向外，5 ~ 8 拍时握拳。

（2）高级组合训练二

①第一个八拍：1 ~ 4 拍面向 1 点钟方向，5 ~ 6 拍面向 2 点钟方向，7 ~ 8 拍面向 7 点钟方向。1 ~ 4 拍五指自然分开，掌心向外，5 ~ 8 拍双手握拳。1 拍时双臂斜上举，2 拍双臂下拉胸前屈，3 ~ 4 拍自然放至体侧，5 ~ 8 拍两小臂向上屈。1 拍右腿跳上板同时左腿后抬，2 拍左腿前收，3 ~ 4 拍下板，5 ~ 6 拍左腿板上恰、恰，7 ~ 8 拍下板同时左转 90°。

②第二个八拍：1 ~ 4 拍面向 7 点钟方向，5 ~ 8 拍面向 1 点钟方向。双手握拳，双臂体侧屈肘前后摆动。1 拍右腿侧上板，2 拍左腿后屈跳，3 拍左脚后交叉点地，4 拍左腿后屈，5 ~ 6 拍下板，同时右转 90°，7 ~ 8 拍左脚尖点板一次。

③第三个八拍：面向 1 点钟方向。双手握拳，双臂自然前后摆动。1 拍右脚上板，2 拍左腿向板左侧地迈一步重心在左侧，3 ~ 4 拍右侧横过板，5 拍重心在右腿，6 拍重心落在左腿板上，7 ~ 8 拍下板。

④第四个八拍：1～3拍和6～8拍时面向1点钟方向，4～5拍面向3点钟方向。双手握拳，双臂体侧屈肘前后摆动。1拍右脚上板，2拍前吸左腿，3拍左脚板前点地，4拍前吸左腿，5拍下板，6拍右脚跟点板，7拍右腿前吸，8拍下板。

三、有氧搏击操训练方法

（一）有氧搏击操的特点与功能

1. 有氧搏击操的特点

（1）科学安全，全面健身

有氧搏击操是一种有氧运动，它可以通过科学地锻炼提高人体的循环系统功能，使机体保持健康并增强抵御疾病的能力。同时，它也可以有效地消耗能量，减少体内多余的脂肪从而达到减肥的目的。有氧搏击操的强度适中，可以有效控制运动量，在动作的选择上也遵守增进健康和避免伤害的原则。在进行搏击操练习时，只需意想出对手，并没有面对面的搏击，提高了锻炼的安全性。

有氧搏击操既可以进行手臂、躯干、步伐、腿法等部位的分解练习，也可以进行综合套路的练习，虽然动作较为简单，但是也需要动用身体的各个部位参与。如直拳动作，首先通过右脚蹬地，将力量传递到大腿、脊髓，再经过腰部转动将力量传递到胸、肩、手臂，最后才到拳上。由此表明，有氧搏击操起到全面健身的作用。

（2）简单易学

有氧搏击操上肢动作主要以拳击中的直拳、摆拳、勾拳为主，再加上肘部的臂、掌等动作；下肢动作以膝踢、弹踢、侧踢、后踢为主。这些动作不仅直观，而且动作要求也只限于用力的顺序与用力的正确位置，并不要求像拳击、搏击竞赛与实战中那样快速准确，因此，一般人都能够完成这些动作练习。此外，它不强调复杂的动作组合，而且运动中的变化特别是方向变化也较少，加之教学多采用分解及慢速演示的方法，这就更有利于练习者掌握动作要领。

（3）挑战性与娱乐性相结合

有氧搏击操在强劲有力的音乐和教练员的带动下，会激发练习者的热情，做出刚劲有力的动作，并在练习过程中会伴随有整齐嘹亮的呐喊声，使整个课堂气氛变得积极向上，也使得练习过程更加愉悦，将许多具有挑战性的动作学习变得轻松。当面对假想的对手，投入激情时，锻炼者可以从中得到"挑战"的乐趣和获取胜利的喜悦。

2. 有氧搏击操的功能

（1）有益身心健康

有氧搏击操以有氧练习为基础，注重健身的全面性，能全面锻炼练习者的心肺功能和运动素质。持续进行有氧搏击操练习，可加速交感神经系统的兴奋性，促进相关腺体的分泌，对心血管系统和呼吸系统机能的改善有着积极的影响。在有氧搏击操中，许多动作的幅度较大，可使肌纤维反复牵拉，增加肌肉的柔韧性和弹性。其灵活多变的移动，也可以提高机体的灵敏素质。在练习过程中，快速有力的踢、踹等动作可提高机体的协调性、平衡感和身体耐力，从而改善人体的综合健康水平。

（2）塑形美体

有氧搏击操的动作丰富多变，要求准确快速地做出踹腿、出拳、转腰等各种动作，还要求有爆发力，因此可使上下肢得到充分锻炼，雕塑出优美的肌肉线条。有氧搏击操中，动作几乎都要求腰腹在一定控制的基础上发力，因此不但可增强腰腹部的力量，也可美化腰腹部的曲线。

（3）减肥瘦身

有氧搏击操强调速度和力度的完美结合，快速的移动、迅速有力的挥摆，以及大幅度的肢体伸展，这些都会增加运动的强度和运动负荷，使练习者消耗大量的能量，达到全面有效的减肥作用。有氧搏击操练习，需要保持下肢灵活移动和腰腹肌的协调用力，所以对消耗腰腹和下肢部位的皮下脂肪有显著的效果。

（二）有氧搏击操的健身动作

1. 有氧搏击操的基本站姿

有氧搏击操的站姿可以分为正面站姿与侧面站姿两种。正面站姿为防御姿势，侧面站姿为格斗姿势。

（1）正面站姿：双腿平行开立，稍屈双膝，收腹立腰，双肩平行、下垂放松，双臂屈于胸前，小臂垂直于地面、双拳置于下颌部，身体重心在两腿之间。

（2）侧面站姿：双腿前后分立、稍屈膝，后腿外侧 45°，双腿内扣，身体侧向前方，重心在两腿之间，手臂姿势同正面站姿。

2. 有氧搏击操的基本拳法

有氧搏击操的基本拳法大多参考了拳击的动作特点。握拳要四指并拢，向内卷握，拇指向内扣在其他手指的第二指节处。

（1）直拳：有氧搏击操中最常用、最基本的拳法就是直拳，一般分前手直拳和后手直拳。直拳可以在平行站立和前后站立两种站立姿势上出拳，无论哪种站立姿势都要腿先发力蹬转，然后腰用力，最后是手臂用力。手臂直接打出的同时，旋转拳，手心向下，注意手臂不要完全伸直，这样可以保护肘关节不受伤害。直拳按位置可分为右或左拳，或侧拳的高、中、低三种。

（2）刺拳：刺拳与直拳相似，是直拳派生出的一种快拳招数，分前手刺拳和后手刺拳。动作轻快，点击、出拳时手臂不完全伸直，顺弹性收拳，上体和髋部移动极小。

（3）勾拳：勾拳的站立姿势和发力与直拳相同，不同的是腰部首先要向反方向扭转并压低上体，然后再发力出拳，手臂始终保持弯曲，拳心向后。

（4）锤拳：拳微外旋上举，由上向下呈半弧形斜下劈砸。

（5）摆拳：摆拳分前手摆拳和后手摆拳。左脚蹬地，重心移向右脚，向左拧腰转体，同时右臂由下向上将肘部抬起，肘关节屈度大于 90° 小于 180°，右臂由外沿小弧形向左摆至身体中心线位置。

（6）翻背拳：翻背拳是以拳背为力点的一种快拳法，脚掌蹬地，上体稍转，以肘关节为轴，拳背领先，快速反臂鞭弹。

（7）肘击：一般采用平行站立，用肘关节进攻，可以分为横击、后击和下击。以右手横击为例，左脚首先蹬地，移动重心至右脚，腰部发力向右移动，左手掌推右手拳至右侧，最后力量到达关节，而左下击时要先高抬手臂，右侧腰拉长，然后腰用力收缩，肘下压。

3. 有氧搏击操的基本肘法

有氧搏击操的肘法为一种屈臂的练习形式，是以屈臂形成的肘尖为最后力点的招数。

（1）抬肘：肘关节由下向上，从身体前上方抬起，拳心向下，肘尖受力。

（2）砸肘：肘关节提起，由上向下沿斜方向砸压。

（3）沉肘：身体下沉，提肘，由上向下沿直线出肘。

（4）提肘：扭腰转体，肘关节由下向上沿直线上提，脚尖蹬地挺腰。

4. 有氧搏击操的基本膝法

（1）直膝顶：左腿支撑，右腿迅速屈膝向上顶抬，力达膝尖，同时收腹，身体稍后仰，目视前方。

（2）横膝顶：横膝顶的基本运动路线呈弧形，具体为右膝关节由外向内呈斜线迅速提吸。

（3）跪膝：上体左转90°，左腿屈膝半蹲，同时右膝直下跪，力达膝尖，同侧手可配合下击。

5. 有氧搏击操的基本腿法

（1）正蹬：一腿先屈膝上提，另一腿微屈膝支撑；屈膝上提腿以脚跟领先由屈到伸，快速发力，直线蹬击。动作上体略后仰，稍含胸，双手保持防护姿势。

（2）后蹬：身体稍转，一腿屈膝回收，小腿平行于地面，转头回视；向正后方强力挺膝伸展蹬出，身体前俯，眼视正后方，双臂自然弯曲，维持身体平衡。

（3）腾空前踢：左腿屈膝蹬地跳起，右腿在空中由屈到伸，绷脚面，向上弹踢，力达脚尖，眼视前方，双脚依次着地。

（4）侧踹：侧踹分为下段、中段、上段。一腿先屈膝上抬，小腿略外摆，膝盖向内收，支撑腿稍屈膝，提膝腿由屈到伸向侧踹击，力达脚跟或全脚掌，目视前方。

（5）腾空侧踹：可以单脚起跳也可以双脚起跳。主力腿猛地蹬地跃起，在空中向右拧转，右腿由屈到伸，直线方向踹出，力达全脚掌或脚跟，左腿屈膝收髋。动作完成后，两脚依次着地。

（6）横扫：腰髋部摆动，肩部拧转，集全力于一脚面或小腿胫骨，动作路线较长，高速拉弧形发出强大爆发力。

（7）弹踢：移重心至支撑腿，右腿屈膝抬平，大小腿折叠稍内旋，绷脚尖；以膝关节为轴，迅速屈伸弹动小腿，力达脚背或胫骨，眼视前方。

6. 有氧搏击操的格挡动作

（1）上格挡：手臂由下向上防御，手臂离前额约一拳距离。

（2）下格挡：手臂由上向下防御，臂与身体约呈一线，手距大腿约 20 厘米。

（3）内格挡：手臂由外向内防御，拳背朝前，拳心对着自己。

（4）外格挡：手臂由内向外格挡，停于肩侧，手同额高。

（5）十字上防：双手腕交叉由下向上防御，双手离前额约一拳距离。

（6）十字下防：双手腕交叉由上向下防御，手置于小腹前 10 ~ 15 厘米。

（三）有氧搏击操的组合训练方法

1. 第一个八拍

双手握拳。1 ~ 2 拍身体右转左膝内扣，左踝外展，面向 1 点钟方向，手臂动作为右直拳；3 ~ 4 拍为 1 ~ 2 拍反方向，面向 1 点钟方向，手臂动作为左直拳；5 ~ 8 拍屈膝左转，左弓步，5 ~ 6 拍面向 1 点钟方向，7 ~ 8 拍面向 7 点钟方向，5 拍侧顶左肘、6 拍左前臂屈并外旋，7 ~ 8 拍为右直拳。

2. 第二个八拍

双手握拳。1 ~ 4 拍右侧踢，面向 1 点钟方向，手臂动作为防守姿势；5 ~ 6 拍身体左转，右膝内扣，右踝外展，面向 8 点钟方向，手臂动作为右摆拳；7 ~ 8 拍为 5 ~ 6 拍反方向，面向 2 点钟方向，手臂动作为左摆拳。

3. 第三个八拍

双手握拳。1 ~ 2 拍左转 90° 开合跳，面向 7 点钟方向，手臂动作为右直拳；3 ~ 4 拍开合跳，面向 1 点钟方向，手臂动作为双臂上推；5 ~ 6 拍右转 90°。

第四章　竞技健美操训练

第一节　竞技健美操动作训练

一、高校竞技健美操基本动作训练方法

（一）身体姿态训练

1. 站立姿态训练

站立姿势是高校竞技健美操运动最初始、最基本的动作姿势，它是其他动作技术的基础。高校竞技健美操站立姿势的具体要求是：上半身自然挺直，抬头挺胸，肩部下沉，手臂自然垂直，腹部肌肉收紧，保持整体躯干的稳定性与协调性，臀部肌肉、两腿外侧肌肉收紧，两腿并拢，臀部上提，充分展现当代大学生积极向上、朝气蓬勃的精神风貌和良好体态。

（1）颈部练习

做颈部练习时，应保持颈部向上方挺直，目视正前方，在头部保持正直的前提下，下颚微微下收。如果无法掌握标准姿势，可以依靠外力，如在头部上方放置一本书，在保持不动的情况下进行移动，达到练习的目的。

（2）肩部练习

在进行肩部练习时，手臂要自然垂落身体两侧，首先将肩部向上耸起，坚持一段时间后会有明显的酸痛感，然后慢慢施加压力使肩部下沉。这两步动作需要反复练习。

（3）臀部练习

在站立状态下，身体上半身向上挺立，保持身体正直；下半身双腿并拢，向

脚掌与地面之间施加一定的压力，臀部与双腿外侧肌肉用力收紧，臀部微微上提，但不要让上半身倾斜，如此进行循环练习。

（4）腹部练习

在臀部练习的基础上，吸气做收腹训练，保持整个身体躯干向上延展，保持一段时间后呼气放松，如此反复进行动作循环。

（5）背部贴墙站立练习

这一动作要求背部挺直，头部、肩胛骨处、臀部紧贴墙面，脚跟与墙壁保持3cm左右的距离。在进行这项动作练习时，应注意保持提气，双腿并拢夹紧，保持挺胸、收腹、提臀，肩膀略下沉，整个身体向上延展、挺直。

（6）站立姿态练习

站立姿态练习需要在背部贴墙站立的基础上进行，逐步与墙壁拉开距离，注意肌肉力量和呼吸的控制，如此进行反复练习。

2．头颈部姿态训练

（1）低头练习

身体成站立姿势，双手放在腰部两侧，上半身向上挺直，颈部延伸，下颚慢慢向锁骨处贴近，如此进行动作循环。练习速度遵循先慢后快的原则，尤其要重视下颚向下收紧时的肌肉控制。

（2）抬头练习

身体保持站立姿势，双手放于腰部两侧，颈部向后延伸，头部随颈部后移，保持一段时间后还原，如此进行动作循环。练习速度遵循先慢后快的原则，要注意头颈后屈时的肌肉控制。

（3）左右转练习

身体保持站立姿势，双手放于腰部两侧，头部向左（右）扭转，下颚转到左（右）肩处为止，保持一段时间后还原，如此进行动作循环。练习速度遵循先慢后快的原则，注意头颈侧偏时的肌肉控制。

（4）左右侧屈练习

身体保持站立姿势，双手放于腰部两侧，整个头部向左（右）侧屈，向左（右）肩头贴近，保持一段时间后还原。

3. 手部姿态训练

（1）基本掌型练习

竞技健美操中的掌型主要分为五指并拢和五指分开两种类型。训练中，五指并拢的掌型要求手指之间不留缝隙，拇指第一节稍弯曲，其他四指向指尖处用力伸直，五指保持在同一平面内。五指分开的掌型要求五个手指尽最大努力分开，指尖处用力延伸，使整个掌面达到最大展开程度且在一个平面内。在训练中，掌部动作较为细微，但是对于竞技健美操中也是重要的组成部分。

（2）拳部练习

竞技健美操中的拳通常以实心拳的形式出现，拳能够展现力量感和活力感，是竞技健美操中最为常见的手型。

（3）手指练习

随着竞技健美操运动的不断发展，手指的动作不断丰富。在竞技健美操中最常见的手指动作是剑指，即食指和中指用力向上伸直并拢，大拇指、无名指和小指向掌心内弯曲。

4. 躯干姿态训练

（1）躯干稳定性练习

①负重仰卧起坐。首先身体呈仰卧姿势，双手握住实心球，将其放置于胸前位置。实心球的重量根据不同学生的肌肉力量实际情况进行选择，通常为 2 ~ 3公斤，可随训练程度的加深适当增加实心球的重量。从仰卧到起坐的过程需要腰腹部肌肉力量迅速释放，且发力速度要尽量快。身体回倒时应放慢速度缓缓落下，这样可以保证腰腹肌肉始终处于紧张状态，达到锻炼的目的。

②健身球俯卧撑。身体呈俯卧姿势，双手支撑地面将身体架起，双腿伸直，双脚脚背放在健身球上，利用肌肉力量对双臂与健身球之间的距离进行调整。需要注意的是，在进行俯卧撑运动时，身体下落的速度应尽量缓慢，注意肌肉对身体躯干的控制力。通过这项训练，可以明显提升身体的稳定性和肌肉的控制力。

（2）躯干灵活性练习

躯干灵活性练习主要是对肩部、胯部和整个躯干进行灵活性训练，首先可以从左到右顺次做提肩练习，随后同时将双肩提起，顺次做左右两肩绕肩运动和同时绕肩运动。进行胯部练习时，首先做顶胯动作，随后做绕胯动作。肩部和胯部运动完毕后，整体躯干进行前后左右的移动训练，增强躯干的灵活性。

（二）动作力度训练

1. 语言刺激训练法

语言刺激训练法是高校竞技健美操训练中最常见的辅助训练行为。竞技健美操强调在连贯运动中动作、力度的准确性，这时就可以利用语言对学生的行为进行指导和控制，如"用力""力度""控制""对抗"等，为学生的训练带来一定的刺激，帮助学生强化对健美操技术的理解力和表现力，促进神经系统与肌肉运动系统相协调。

2. 协助训练法

协助训练法是高校竞技健美操中最直接的训练行为，它常见于竞技健美操训练初期。在高校中，竞技健美操教练可以通过协助训练法帮助学生进行动作、力度、速度等方面的调整和改进，增强学生竞技健美操技术的稳定性。当学生在进行某个动作训练时，教练员可以对学生的动作进行一定的调整。如果学生在训练中欠缺肌肉力量，动作力度不够，教练员可以借助外物，如杠铃、哑铃等帮助学生加强肌肉力量。这项训练实际上可以帮助学生增强对竞技健美操动作的感受能力。

3. 对抗训练法

这项训练是一种对抗阻力的训练方法，既可单人进行也可多人共同进行。在高校竞技健美操训练中，惯用的是两人一组的练习形式，采取"用力与对抗"的相互练习方法，其中一名学生做双臂前举练习，另一名学生对其施加一定的阻力，减缓其双臂前举的速度，使这两名学生可以同时感受到用力与对抗带来的运动效果。

4. 负重训练法

在高校健美操训练过程中，可以负重一定重量的哑铃做屈、伸、摆、绕环等动作，适应负重练习后可以逐渐加入其他动作练习，以提高肌肉的适应力与控制力。这种训练方式不仅可以强化学生的力量强度，还可以更加高效地提升学生动作完成的力量感。负重训练的强化练习可以在不同音乐节奏的伴奏下进行。练习过程中，学生可以站在镜子前，借助镜子纠正动作。这可以帮助学生在理解音乐的基础上，有效地提高运动强度感。

5．表象训练法

表象训练法通常出现在协助训练法之后，在高校竞技健美操训练中，表象训练法主要是通过潜在记忆对协助训练过程进行回想的过程，它是在非外力的作用下，学生依靠自己对运动感觉能力的记忆，准确地确定运动的力度、速度、方向和动作制动。表象就是学生在自己的头脑中对训练过程进行想象，让自己回忆起训练的画面，感受运动的力量。长期的表象训练对提高学生的动态性有非常明显的效果。在表象训练过程中，如果学生出现错误表象行为，教练员应及时纠正，以免错误表象为学生带来消极的诱导行为。教练员可以在训练过程中给出及时的命令或提示，例如，"力量再大一些""速度再快一些"或者用手指导学生掌握发力的技巧，确定动作位置。同时，竞技健美操训练中可以穿插一些镜面练习，让学生做出正确的动作表现。

（三）动作速度训练

肢体动作速度是竞技性健美操专项速度的集中表现。高校学生运动员应掌握对竞技性健美操肢体动作速度的控制方法和力度。通常情况下，神经支配及协调因素、能量代谢及功能因素、肌纤维类型及肌力因素、身体素质因素等都是专项速度能力的重要影响因素，这些因素是无法避免的客观因素。但是，在高校竞技健美操训练中，有效的技术性训练可以有效加强高校学生的动作速度控制力与表现力。高校竞技健美操发展运动速度素质训练的负荷结构特征主要包含训练刺激强度、训练刺激时间、训练刺激量、训练刺激频率和训练间隔时间等方面。

1．利用外界助力提高学生的动作速度

在高校竞技健美操的基本动作训练过程中，高校教练员可以借助外界助力提高学生在完成运动训练时的速度，让学生感受到快速运动时的动作要领。教练员在利用助力训练时，应准确把握为学生提供助力的时间和力度，让学生在外力帮助下充分体验到正规动作完成的时间和力度，为他们正确地、独立地完成技术动作奠定基础。

2．变奏训练

变奏训练是指通过控制音乐节奏的变化，使学生进行同步动作训练，体验快节奏和慢节奏下完成动作的技巧与方法。在训练过程中，高校训练员应注意的是，在快节奏音乐下，往往学生对动作的控制不够，动作容易变形，或者整套动作的表现力明显下降。因此，健美操教师在训练中应注意及时提醒学生要保证完成动作的质量。一般情况下变奏训练可以分为以下两个阶段：

（1）阶梯式负荷增加阶段

在这一阶段，通过逐渐提高负荷强度，发展机体的运动机能和运动素质工作强度，并对运动技术形成稳定的动力定型。负荷以音乐速度为单位，在此基础上以周为时间单位，呈现出斜线上升的态势，为允许跳跃式的变换负荷强度做好充分的训练准备。

（2）跳跃式负荷变化阶段

在这一阶段，通过跳跃理想速度的固定定型模式，利用突然加大负荷的手段，对机体给予激烈的刺激后再逐渐恢复到理想速度，使学生承受负荷的能力得到突破性增强，同时让学生掌握肢体姿势控制技巧，提高机体的控制能力。

3．高速度训练

高速度训练各种操化动作能够有效提升学生训练的动作速度。然而，要进行高速度训练要注意：一是充分激发高校学生的积极性，可以利用节奏欢快、强劲有力的音乐作为伴奏，全面调动学生的兴奋感与热情；二是注意高速度训练时间与间歇时间都不宜过长，高速度训练时间应保持在30s左右，间隔时间保持在45s左右，这样既能够保持学生的兴奋感，同时也可以缓解学生生理上的不适感，为后续训练做好铺垫。由于高速度训练带来动作难度的加强，学生可能很难控制自身的动作，导致动作不规范的现象产生。当出现这种情况时，高校教练员应及时加以纠正。

4．高频重复性训练

高校竞技健美操的高频重复训练主要是为了培养学生在指定时间内高速重复特定动作。高频重复性训练与高速度训练在目的上有明显的不同，高速度训练以提升高校学生的速度素质为目的进行训练；高频重复性训练以提升学生具体动作的速度为目的进行训练。在高校竞技健美操中，经常会有学生的动作速度比其他人稍慢，高频重复性训练就能够很好地解决这一问题。高频重复训练要求高校教练员设定特定的动作训练时间，以提高重复率为条件，提高学生特定动作的行动速度。高频重复性训练强调学生在原有训练内容的基础上，加强对动作技术和动作流程的理解和认识，最终实现高质量、自动化地完成规定性动作。

二、高校竞技健美操难度动作训练方法

竞技健美操是近年来新兴的一项体育项目，它兼具健身美体和竞技表演于一体，既具有锻炼性又具有观赏性，深受广大青少年的欢迎和喜爱。难度动作是竞技健美操中的重要构成因素，在竞技健美操中发挥着越来越重要的作用。一般情况下，一个完整的竞技健美操中难度动作的完成质量直接关系着此项运动的最终成绩，进而对整个竞技健美操运动的全面发展也产生一定的影响。

（一）竞技健美操难度动作的特点

在竞技健美操运动中，难度动作的数量较多，最常见的形式是空中难度动作和地面难度动作，各种各样的难度动作反映了竞技健美操运动时间和空间的丰富性和多样性。为了保证高校运动员能够高质量地完成高难度动作，教练员首先要对高难度动作的特点和技巧进行全方面的了解，根据学生的生理和心理特点对难度动作进行合理安排，这是教练员为高校运动员进行难度动作选择和训练计划拟定的基础工作。只有这样，才能保证在培训过程中找到合理有效的方式来实现预期的目标。从总体上看，竞技健美操难度动作具有如下特点：

1. 多样性、复杂性

从《健美操竞赛规则》中可以看出，难度动作包括多种非常丰富的技术动作，并且呈现出多方面、多角度的结构体系。从横向角度上来看，健美操动作具有多样化的特征，一般可以通过跳跃动作、技巧动作和转弯动作来展现平衡、柔韧、力量等静态姿势。从纵向角度上看，相似的运动结构和类似的运动之间具有一定的层次性，即运动难度呈现阶梯式的提升和递进。同时，不同类型的结构难度动作也直接反映了对高校运动员力量、柔韧性、速度、身体协调性等素质的整体要求。

2. 精确性

在高校竞技健美操中，对学生运动员的动作要求非常严格。学生的难度动作必须标准和精确，如果没有达到标准要求，则容易导致动作失败或者动作难度被降低，进而影响下一动作的进行。

3. 艺术性

在高校竞技健美操中，很多难度动作的表现与体操十分相似。一般情况下，

竞技健美操运动动作的技巧性与艺术性浑然一体，兼具形象美、动感美、节奏美、韵律美等特征。

4. 规范化

高校竞技健美操的规范化与精确性与艺术性密不可分，因为在进行动作评价时，它们对动作的技术质量与水平的评价标准基本相同，而且随着竞技比赛规则的完善，对健美操难度动作的要求也更向着规范化发展。

5. 惊险性

在高校竞技健美操中，很多难度动作都需要在短时间内迅速完成，很多动作都带有一定的危险性，如腾空、快速旋转、倒地等，这些动作带有一定的危险性，需要高校学生对自身具有极强的控制力。

（二）难度动作训练的阶段划分

在竞技健美操运动中，如果想要高质量、高水平地完成规定的难度动作，就必须经过系统、全面的训练才能够达成。一般情况下，难度动作训练过程大致可以分为三个阶段：准备阶段、学习掌握阶段和动作实用阶段。

1. 准备阶段

在这一阶段，高校教练员应遵循系统性、全面性、渐进性等原则，协助学生运动员量身定制适合其全面发展的训练目标，同时为下一阶段的训练内容打好基础。准备阶段的训练工作主要包括：

（1）与运动员一起初步确定选择难度动作

进行准备工作的第一步，首先是高校教练员要全面把握学生的基本身体素质情况，如身体力量、动作水平、心理承受能力等。教练员应以充分的了解调查为基础，全方位考虑学生的健美操动作的接受程度，分析其完成动作的可能性，以此来确定竞技健美操中的难度动作。在教练员做出详细的分析后，同时也要让学生掌握难度动作训练的根本目标和发展脉络，了解训练的内容安排。

（2）了解动作的结构、规格与技术

学生运动员对动作技术规范的理解程度反映了其对竞技健美操动作理解的深度和对目标的追求。高校教练员在做好准备工作后要通过各种途径认真分析难度动作，通过一定的技术方式，如动作视频分析、难度动作图表描述等，让动作表象化，加深学生对难度动作的理解，进一步掌握动作的规格、质量标准和艺术表现。

（3）制定学习计划，选择各难度动作的练习方法

高校竞技健美操难度动作既具备横向多样性，同时又具有纵向层次性。高校教练员应为学生制定出合理高效的训练计划，在学生运动员全面发展的基础上逐层提高。选择和确定训练方式主要以明确教练员对动作的规格、结构和技术作为基础，结合教育学、心理学和运动技能形成的规律等多方面知识，对运动教学和训练进行有序的配置。具体的训练方式应清晰、有效，要与学生的心理特点与生理特征相契合，注意把握难度动作的要点和难点。

（4）提高运动员必要的身体素质

高校竞技健美操难度动作训练要经历一个复杂的、系统的过程，在训练过程中很容易受到各种因素的干预。高校学生在进行难度动作学习的过程中，常常会出现学习能力不足、学习动作困难等状况，这主要是素质和能力的欠缺所造成的。素质是影响学生运动员发展的基本条件，因此进行难度动作训练时要将学生的素质训练摆在首位，这是一个非常重要而且不可缺少的步骤。

2. 学习掌握阶段

学习掌握阶段是进行难度动作训练过程中最为具体、重要和关键的实践阶段。为了保证学生更加准确地掌握健美操难度动作，为整个训练过程增添经济性、时效性与可预测性，使训练内容与过程更加科学合理。在实际的难度动作训练中，高校教练员应对运动训练方法做出恰当的判断与选择，确立难度动作教学的基本步骤，及时对教学过程中的动作、技术等进行分析与判断，根据实际情况选择辅助安全保障等方式，进一步提升学生整体素质，调节学生对技能与体能的控制能力，确保整个难度动作训练过程具有明确的目标与发展方向。

3. 动作实用阶段

高校竞技健美操中的难度动作通常需要教练员依照不同学生的实际情况和个人风格进行选定，同时必须符合健美操竞赛规则要求。日常的难度动作训练归根结底是为日后的实用阶段打下基础。因此，必须保证健美操难度动作熟练的同时又具有个人特色。

从高校竞技健美操成套动作的表现中可以看出，难度动作结合了操化组合动作、托举动作、过渡动作等一系列健美操动作，在时间和空间上迅速转换，动作衔接必须流畅，不能打断整体动作的连贯性。因此，高校学生在掌握单个难度动

作的基础上，要将难度动作与操化动作、过渡动作、托举动作等联系起来做综合性练习，保证一个动作向另一个动作转化时的连贯性。

在动作实用阶段，高校教练员可以综合运用多种训练方式，如增强练习难度法、联合动作练习法、测试和实战法等，循序渐进地提升学生对难度动作的接受程度，稳步提高对动作的完成质量，对较为薄弱的环节进行强化和补充，克服训练中的困难，为提升学生的身体素质和能力，形成个人的表现风格提供保障。

（三）高校竞技健美操难度动作训练的内容和方法

高校竞技健美操是竞技健美操的主要表现形式。在现今社会，高校竞技健美操难度动作发展日益呈现出多样化、复杂化的特征，而且学生在完成难度动作时还有一些问题存在。由于高校学生个人身体素质的原因，学生在完成难度动作时往往不够规范，而且一些难度动作也并不适合学生。因此，如何提高高校学生竞技健美操高难度动作的质量和水平成为竞技健美操训练中一个亟待解决的问题。

1. 难度动作训练的主要内容

（1）专项素质训练

为了保证高校学生完成竞技健美操难度动作的质量，首先需要对专项素质进行加强。专项素质主要是指肢体柔韧性、跳跃能力和动作的连续能力；上半身肢体的控制和支撑能力；大幅度运动所需的肌肉收缩速度；控制腰部和内部器官新陈代谢的能力等。专项素质训练为高规格、高质量完成高难度动作提供保障。因此，专项素质的训练对于难度动作的完成具有至关重要的作用。

（2）体能训练

体能训练，又称为体力训练，通常是指人处于长时间、高强度、超负荷的状态下的工作能力。对于高校竞技健美操来说，其对体能的要求非常严格，整套健美操动作完成下来会消耗巨大的体力。因此，高校竞技健美操要求学生必须具备优异的身体素质，强化体能训练，具体包括学生的身体结构、生理机能、运动素质及与外界环境的适应能力等方面的训练。

（3）心理素质训练

在高校竞技健美操运动中，学生心理素质的高低直接影响难度动作完成的质量。调查显示，心理素质较高的学生对于难度动作的理解程度和接受程度普遍高于心理素质较低的学生，他们更能够在高强度的训练下掌握难度动作的技巧，更高质量地完成整套竞技健美操动作。因此，对学生心理进行调整，强化其心理控制能力是心理素质训练的重要内容，也是难度动作训练的主要内容。

（4）难度技巧动作训练

难度技巧动作训练是难度动作的主要训练内容，所有健美操竞赛规则中包含的四个组别的 200 余种难度都在此范围内，具体需要掌握各个难度技能就是难度技巧动作训练的重点内容。

2. 难度动作训练的方法

难度动作训练内容涵盖多个方面，对于不同方面的训练，其训练方式也应有所区别，要有针对性地对训练方法进行选择。

（1）技巧动作教学法

难度动作教学法是高校学生学习和理解难度动作技巧的主要方式。难度动作训练主要是以学习动作为目的，在训练中不断掌握动作技巧，确保学生能够在比赛过程中取得最优成绩，有助于进一步发挥学生的身体潜能。高校竞技健美操难度动作的技术结构分为简单动作和复杂动作两部分。时间和空间的变化越快，对应的技术动作就越复杂。另外，健美操动作技术也有其固定的环节，这也使得技术训练具备了一定的阶段性特征。因此，动作技术训练要严格按照教学方法设置的具体步骤进行，保证训练教学的合理性。在进行难度动作教学时，应依据技术的形成选择科学合理的方式和手段。技巧动作教学法具体包括程序教学法、现代技术教学法、完整与分解法等。

①程序教学法。程序教学法主要是根据动作过程的时机与动作之间的内在关系编制的一种教学方法。其特点是将动作技术的训练结构进行有序编制，循序渐进地进行训练教学，并结合实际训练情况对训练内容作出科学调整。程序教学法使动作技术的教学过程具有较高的系统性、整体性、层次性和关联性，使整个训练工作得以有序进行。在程序教学法中，高校教练员通常会选择线性程序教学法或分支程序教学法。

②现代教育技术教学法。现如今，网络信息技术日益发达，信息传播手段也越来越智能。现代教育技术教学法主要是借助网络信息技术，采用直观的网络资源、多媒体资源将动作技术信息进行传播，使高校学生更容易接受必需的指导信息。在难度动作训练过程中，高校教练员可以在学生训练的同时进行信息传递，

针对训练中的重点、难点动作进行加强，增强学生的体验感，进而强化学生对于难度动作的理解与掌握。

③完整与分解法。完整与分解法主要是依据健美操动作的难易程度来进行教学方法的甄别与筛选。完整法是对竞技健美操动作进行整体的教学，这种教学贯彻动作训练的始终，通常适用于简单动作的教学。分解法一般针对动作较为复杂、难度较高的技术训练，可以将完整的技术动作分为若干个部分，将复杂动作简单化，以期达到最佳的训练效果。

④预防与纠错法。高校竞技健美操难度动作对于学生来说不容易掌握，很容易在训练中产生各种各样的错误动作。如果教练员不及时对错误行为进行纠正，则容易对整套动作甚至是学生的全面发展造成一定的影响，因此，教练员应及时管控学生的不规范行为。另外，由于学生在训练过程中心理和生理上存在着很多不足，教练员应选择一些保护措施，避免学生在训练中受到损伤。

（2）专项素质训练的方法

①柔韧素质的训练方法。高校学生的身体柔韧训练在难度动作训练中具有十分重要的作用，其柔韧性的好坏直接影响动作的完成情况。对于学生的柔韧度训练，主要有静态拉伸和动态拉伸两种练习方式。静态拉伸是指在较为缓慢的动作中使肌肉等软组织得到拉伸。当伸展到一定程度时，需要暂时保持静止。动态拉伸是一种有节奏的、快速的、重复性的运动。作为高校竞技健美操运动员，学生必须坚持做拉伸练习，保持身体柔韧性。另外，学生所处环境的温度也对柔韧性有着一定的影响。

②力量素质的训练方法。对高校学生进行力量训练时，要注意以单一的动作练习为主，训练时主要贯彻从简单到困难，从空手到带有一定负荷的原则，在此基础上选择强度大、运动量适中的训练内容。力量素质的训练应保证学生的全身肌肉都得到锻炼，同时也应注意控制训练强度与体能恢复之间的关系。

③协调素质的训练方法。协调素质的训练方法一般通过以下两种方法进行：一种是主动肌与协调肌收缩与放松的方法，即在慢动作中体验肌肉的协调；另一种是采用同侧、异侧，上肢、下肢相互协调配合的动作，增强动作的空间感，进而提升学生的综合协调能力。

（3）心理素质的训练方法

①通过暗示进行心理素质的训练。暗示法不明确地表明意见，而是通过其他途径或方法对高校学生运动员的行为和心理造成一定的影响。通常情况下，暗示法包括他人暗示与自我暗示两种。

②通过模拟比赛、表演来进行心理素质的训练。由于学生自身很难找到合适的表现机会，因此，学校可以组织学生多参与一些模拟比赛、表演。模拟比赛中的场地器材、规则尽量与实际比赛中的相一致，熟悉场地、器材、规则、场外反应，为学生增加实践经验。另外，可以邀请更多观众来观赏，以增强高校学生对比赛的适应能力。

③通过教师自身素质进行心理素质的训练。教师是对高校学生进行心理训练的主体，其除了要具备很强的身体素质、运动技术水平和技术指导能力以外，还应具备分析学生心理变化的能力。教师应运用心理策略和协调人际关系的能力，将自身意识有目的地转移到学生身上，协助学生提高心理素质。

难度动作训练方法是一个多层次的结构体系，各类方法都具有自身的特点，同时各种方法之间又有相互联系的地方。因此，在训练的过程中一定要选择好适当的方法。难度动作训练方法的合理使用是训练工作有效进行的一个重要保证。在训练中要注意随时加强动作技术的改进，技术训练的不同阶段有不同的评价标准；还要加强运动损伤的预防，注意负荷量和负荷强度的合理安排，让动作技术训练得以顺利、有效地进行。

第二节　竞技健美操体能训练

一、竞技健美操体能训练的内涵

（一）体能与体能训练

1. 体能

体能是人体的基本运动能力，是一个动态、开放、综合的系统。体能的获得受人体系统内外环境变化的影响,使人们对体能的认识需要用发展性思维来检验。人体形态、功能和质量的许多指标在很大程度上取决于先天遗传因素,这些指标在自然生长发育过程中随着年龄变化而发生变化。人体的物理性能在不同的环境中有所不同,例如,在日常生活中,只要身体的各方面功能正常,就可以适应环境。但对于运动员来说,为了适应特定的训练和比赛环境,有必要在身体正常生理范围内最大限度地发挥身体潜能。体育优势项目的表现主要集中在基本体育素质的储备和应用上,除了技能优势项目外,在身体表现过程中,神经系统和心理因素都与身体有关。外界环境的变化刺激人体适应体能的各个方面,为体能的再塑造提供训练意义。

2. 体能训练

在了解竞技健美操体能训练的概念之前,应该首先对体能训练(体力训练)的概念有一定的了解。这里所说的体能,主要指的是竞技体能。体能训练是运动训练的重要组成部分,是通过对运动员的速度、力量、柔韧素质、耐力、灵敏度以及身体协调性方面的训练,促进运动员的身体健康,提高运动员的竞技技术,改善运动员的身体机能(神经、肌肉、骨骼),使运动员的体态更加符合竞技比赛项目的要求,对赢得比赛具有非常积极的作用。

有学者把体能训练分为一般体能训练和专项体能训练两种类型:一般体能训练指的是运用非专项训练的手段对运动员开展训练,旨在提高运动员的综合身体素质,为专项训练奠定基础;专项体能训练指的是对某项体育运动项目的运动员,对其开展围绕该项运动的特有技术、比赛规则、判定标准等制定的具有很高针对性的专业体能训练。这样的训练对于提高运动员的专业技术和战术,加强专项运动素质,提高运动员的经济能力并在运动比赛中获得优异成绩具有重要作用,具有高度的竞技化、全面化和整体化的特点。

可以说,一般体能训练与专项体能训练具有相辅相成的关系,二者缺一不可。如果运动员只进行一般体能训练,不进行专项体能训练,那么就难以完成比赛要求的技术动作,或者无法得到理想的成绩;如果运动员不进行一般体能训练而直接进行专项体能训练,那么很有可能因为身体无法适应高强度、高标准、高要求的包括专业技术动作或耐力、柔韧素质训练等在内的训练内容,而导致无法完成训练任务,甚至可能因为身体没有做好充分的准备而导致运动损伤。轻者需要一段时间的休息，重者可能导致从此告别运动生涯。

当人们说到体能训练的时候，经常会有人将身体训练与体能训练相混淆。其实，与体能训练相比，身体训练比较片面，是针对某项身体素质进行的训练，如力量、速度、柔韧度等，是忽视身体机能的整体锻炼和竞技心理素质的训练。

（二）竞技健美操体能训练的概念、目的及意义

竞技健美操体能训练指的是针对健美操运动对运动员的肌肉耐力、爆发力、平衡能力、速度等方面的身体素质要求而开展的兼顾运动员勇于拼搏的心理素质提高的一种训练，具有很强的针对性。由于竞技健美操是一项集竞技性和观赏性于一身的体育项目，因此对运动员的身体素质、心理素质都有很高的要求，只有通过专业的、适当负荷的体能训练，才能保证运动员在比赛时能够体力充沛，精神饱满，高准确性、高水平、高质量、低失误率地完成技术动作，取得理想的比赛成绩。竞技健美操运动员体能水平主要是通过运动员的体态、力度、整体力量、运动耐力、柔韧性、协调性、表现力等几个方面体现出来的。

第一，体态。体态指的是身体形态，竞技健美操运动对运动员的身体形态要求是很高的，总的来说，就是要求运动员的体态要美：女性运动员要体态优美，男性运动员要体态壮美。体态美是由两个方面表现出来的，一个是身体匀称优美，站姿、行走姿势、坐姿端庄大方；一个是心灵、神态的美，运动员的内心平和与否、自信与否会对比赛中是否让人印象深刻有很大的影响。因此，应该对竞技健美操运动员开展体态训练，通过做瑜伽、听音乐等方式培养运动员的体态美。

第二，力度。力度指的是运动员在完成动作时动作变化速度和熟练程度的表现，这是衡量竞技健美操竞技水平的重要标志。竞技健美操动作复杂、多变，有的柔美，有的刚劲，有的舒缓，有的急促，恰到好处地把握各种技术动作对运动员来说是至关重要的，而力度训练可以使运动员更加熟练地掌握技术动作，在比赛中能够发挥得更好。

第三，整体力量。整体力量是专项能力的基础，强大的整体力量是竞技健美操对运动员的基本要求。竞技健美操运动对全身肌肉、骨骼等身体机能的全面要求，决定了运动员必须要加强整体力量训练。

第四，运动耐力。运动耐力是竞技健美操运动员需要具备的基本素质，因为健美操是运动强度较大的一种体育项目，一整套健美操动作做下来，通常会让运

动员大汗淋漓，导致身体疲劳，因此在体能训练时进行耐力训练是十分必要的。通过持久耐力训练才能让运动员在比赛中时刻充满激情和饱满的热情，以充沛的体力完成整场比赛。

第五，柔韧性和协调性。良好的柔韧性和协调性是对竞技健美操运动员的基本要求，因为健美操运动可以说是一种舞蹈，对人的上下肢、躯干、头颈和脚踝，尤其是髋部的灵活度、柔韧性以及身体各部位的协调配合度要求都很高，而一个运动员势必要通过长期不断的专业训练，才能达到相应的身体柔韧性要求，从而在做技术动作时协调一致。

第六，表现力。表现力是运动员的重要比赛能力之一，是所有竞技类比赛项目的重要评分指标，竞技健美操同样也不例外。例如，一名运动员具有先天的健美操天赋，又在平时训练时十分刻苦，训练成绩遥遥领先，但是如果缺乏表现力，即使她/他在平时训练中多么努力，技术动作有多到位，身体协调性有多好，那也无法在竞技比赛中取得良好的成绩。因此裁判进行打分时，不仅仅是依据运动员的技术完成得如何，现场适应能力和临场发挥水平的高低，还要根据运动员带给所有观众的感染力来综合评价。因此，竞技健美操运动员在进行体能训练时，不应该仅关注身体素质训练，同时也应该进行表现力的训练。

二、竞技健美操体能训练的原则

大学生竞技健美操体能训练如果想取得良好的效果，就不能随心所欲地进行训练，而必须要遵循一定的训练原则，如训练强度适量原则、针对性训练原则、"三从"原则、全面系统性原则、积极主动原则、周期性原则等。现将各原则的具体内容做如下介绍：

（一）训练强度适量原则

如上所述，大学生竞技健美操运动员是要同时兼顾学业和健美操体能训练的，既不能只顾学业忽视体能训练，也不能将大部分精力用于训练而荒废了学业，这无异于本末倒置。要想解决这个矛盾，可以从训练强度方面着手，根据学生的实际情况，即学生的时间、学业、体能情况等合理安排训练强度。这样既达到预期训练目标，又不至于让运动员在训练后由于体力透支无法进行学业学习，从而实现学业与兴趣爱好"两不误"。

（二）针对性训练原则

由于现在很多高校的竞技健美操训练对教练员配备严重不足，所以导致在进行体能训练时都是进行统一的训练，不能针对每位队员的实际情况进行有针对性的训练。由于运动员的年龄、身高、体重、受训时间，以及天分和基础不同，每个人的职责和应该加强的能力也就不尽相同，因此，竞技健美操运动队的负责人应该尽量多地安排有经验、水平高，且具有丰富实战经验的教练员对队伍各成员进行具有针对性的训练。

（三）"三从"原则

大学生竞技健美操训练"三从"原则中的"三从"指的是训练"从严、从难，从实战出发"。教练员应该严格按照这几点对队员进行训练指导。首先，进行竞技健美操体能训练的最终目的就是应用于实战，所以训练要从实战需要出发，根据健美操队的总体水平和运动员身体素质差异等，展开适宜的训练。其次，所谓"严师出高徒"，想要取得好的成绩，必然需要一名有原则的教练对队伍进行必要的训练，如果教练对待队员太过温柔，则难以调动队员们的紧张感，难以激发他们的坚强意志和拼搏精神，容易遇到问题就望而生畏，这样是很难取得好成绩。最后，竞技健美操比赛对运动员的体力、技术水平和心理素质的要求都非常高，因此需要各位队员都达到自己的巅峰水准。在竞技健美操体能训练时，教练如果只是组织队员进行基本的简单的基础训练，如力度、柔韧性、协调性等，则不仅不能适应比赛的要求，而且对队员个人水平的提升也是非常不利的，所以应根据实际情况，适时提高训练难度，以激发每位队员的潜力和昂扬的斗志，为他们以后个人的发展奠定良好基础。

（四）全面系统性原则

竞技健美操是一项集速度、力量与美于一体的体育项目，不仅需要强大的体能、奋发的精神，还需要熟练的技术与默契的配合。大学生队员在进行体能训练时，既要通过沙袋绑腿训练奔跑速度，又要紧跟教练步伐提高个人的技术水平，同时还要注意和队友密切配合。教练在组织队员进行训练时，要想好前后训练项目的衔接性，要做到训练项目相互关联、互相促进，上一个训练项目为下一个训练项目打好基础，下一个训练项目为上一个训练项目的继续和提高。队员和教练相互配合，使整个训练全面而系统地顺利进行。

（五）积极主动原则

各队员的基本情况，如身高、体重、年龄、健康状况、运动时间安排等都存在一定的差别，如果都被动地等着教练给安排训练，那么自身条件好的队员进步得更快，条件稍差的同学就会被越甩越远，所以队员应该根据自己的实际情况进行积极主动的训练，从自己最不擅长的技能练起，争取通过不懈的努力最终达到理想的效果，从而为整个队伍获得比赛的胜利贡献自己的一份力量。

（六）周期性原则

人们在学习英语的时候，一个单词背会了，几天不看还是会想不起来怎么拼写、怎么应用，只有进行周期性的复习，才能做到了然于心。体能训练也是一样，对于一个动作进行反复的练习，让全身各部分的肌肉、各器官都记住这个位置和状态，才能达到最佳的训练效果。

三、竞技健美操体能训练的内容和方法

（一）柔韧素质训练

柔韧素质主要是指腰、胯、膝盖等处的关节和韧带的强度和韧性。运动员在加大训练的幅度、频率时，身体的柔韧度起着关键的作用，柔韧度好，运动员的运动潜能就比较容易被激发出来。另外，良好的柔韧度还是训练安全的保障，可以最大限度地避免运动损伤。因此，教练员和运动员都应该注重身体柔韧性的训练。

1. 柔韧素质的概念

柔韧素质是指身体关节、肌肉、韧带的最大伸展范围。肌肉、韧带的拉伸程度对关节活动的幅度形成一定的制约，但关节的柔韧程度主要取决于关节本身的结构。

人们在完成不同的运动项目的过程中，关节、韧带会表现出不同的活动幅度和伸展性，根据这些情况，把柔韧素质分为两类：一般柔韧素质和专项柔韧素质。一般柔韧素质是专项柔韧素质的基础，一般柔韧素质强，专项柔韧素质就比较容易培养。

2. 柔韧素质对高校健美操运动员的影响

（1）提高技术水平

柔韧素质的训练可以有效提高运动员技术动作的表现水平，提高动作的精准性和连贯性。运动员进行身体柔韧素质训练其主要目的是加强关节、韧带的拉伸能力，使关节运动的幅度最大化，使肌肉的伸缩力达到最高水平。系统科学的柔韧素质训练可以使运动员的运动潜能得到大幅度开发，提高技术动作的准确性，使运动员在比赛中发挥出最佳水平。有效的拉伸运动还能激发肌肉细胞的活性，促使整块肌肉而不只是某一部分肌肉参与工作，使整块肌肉均衡发展，从而实现速度与力量并举。另外，比赛之前进行柔韧训练还能起到稳定运动员情绪、集中注意力的作用。

（2）避免运动损伤

运动员拥有良好的柔韧素质，平时多注意肌肉的拉伸训练，还可以有效缓解肌肉的紧张感，提高肌肉疲劳后的恢复能力，缩短恢复时间。在比赛中运动员身体疲劳感恢复得越快，比赛的状态就会越好。有效的拉伸训练还可以缓解运动员腰背部肌肉酸痛、痉挛的状况，避免因肌肉疲劳而造成的肌肉损伤。柔韧性是指关节在自身的活动范围内克服阻力的能力。例如，在进行深蹲训练时，如果运动员的膝关节和踝关节、髋关节都进行过有针对性的柔韧训练，就可以自然地完成最深度的深蹲。但如果没有做过相应的练习，肌肉韧带的僵硬很容易导致肌肉拉伤。适度的柔韧训练还对延迟出现的疼痛有明显的缓解作用，这种疼痛一般会在运动训练后第二天出现，及时通过柔韧训练能解决这一问题，可以使运动员尽快摆脱运动疲劳，迅速恢复到正常状态。

3. 柔韧素质训练要求

柔韧素质的提高需要一个长期的过程，具有非常明显的持续性，也就是说，通过持之以恒的练习会有很明显的效果，一旦停止练习效果就会逐渐消失，因此柔韧素质训练是每次训练之前必须要进行的训练。柔韧素质训练是一个循序渐进的过程，要做到有计划、有步骤地进行。肌肉的拉伸过程会伴有疼痛产生，并且随着年龄的增长与柔韧度也有很大的关系，年龄越大身体的柔韧素质就越差，因此，长期的柔韧素质训练是一项艰苦的过程，需要具备一定的意志力和心理基础作为保障。

在日常的训练中，教练员要做到在每次训练课开始之前，都要让运动员进行柔韧素质训练，在运动员身体各部位的肌肉、关节、韧带都得到充分的伸展后再开始专项训练。另外，教练员要注意将运动员的柔韧素质训练与其他素质训练结合进行，尤其是要与力量训练相结合，要求运动员身体的力量素质与柔韧素质均衡发展，使运动员的肌肉、韧带，柔而不软、韧而不僵，体能基础坚实，关节运动掌控自如，从根本上提高运动员的身体素质。

4. 柔韧素质与其他素质的关系

竞技健美操运动是一项综合性运动，它要求运动员本身要有非常过硬的身体素质，身体各部位运动机能要协调发展，这样才能在比赛中取得好成绩。运动员身体素质的培养应兼顾多个方面，例如，力量、速度、灵敏等，柔韧只是其中的一项。发展运动员身体的柔韧素质一定要将其与其他素质训练紧密联系在一起，形成完整的体系，在相互配合、优势互补中完成运动员身体素质的积累与提升。运动员要提升自身的专业水平，就要将良好的身体素质、过硬的技术技能、灵活清晰的思维、平稳健康的心理等因素结合起来，只有这样才能走上成功的顶点。

5. 柔韧素质训练的步骤

运动员身体柔韧素质的训练对运动员综合素质的提高是非常关键的，而在具体训练的过程中，身体各部位的伸展顺序也是十分重要的。首先，从身体的躯干部位开始，伸展腰部、背部、臀部、髋关节、大腿。按照这个顺序对身体进行延展练习，让肌肉处于放松的最佳状态，然后尽力拉长肌体，感觉肌肉和关节的活动范围在逐渐扩大。这样的练习顺序可以最大限度地提高身体的柔韧性，因为这些部位的肌群伸展可以影响到身体其他部位的肌群。以大肌群的伸展为基础可以有效地带动小肌群的伸展，对整个机体柔韧素质的提高起到推动作用。人体大部分动作的完成都是靠改变身体重心来实现的，大腿肌肉的拉伸受到腰背肌肉、臀肌、髋关节等各肌群和关节的影响。运动员在进行柔韧度训练时，先将大肌群充分地拉伸，再伸展其他部位的小肌群。具体的操作步骤如下：第一，在进行躯干和下肢的柔韧训练时要按照腰背、髋关节、大腿后侧肌群、大腿内侧肌群、四头肌、小腿、踝关节、脚的顺序逐步进行练习；第二，在进行上肢的柔韧训练时要按照肩关节、臂、肘、腕、手的顺序进行练习；第三对颈部进步练习。

6. 柔韧素质训练的方法

（1）静态练习法

静态练习是指在静止状态下，完成某一伸展性动作，并保持一定的幅度，持续一定的时间。静态练习讲求动作完成一定要缓慢，慢慢进行拉伸，直至达到极限，此时运动员能够感受到肌肉的拉伸感，但没有疼痛感，保持肌肉牵张的最佳状态，持续一段时间后放松，然后再进行下一组练习。个人静态练习方法有直体前屈压腿、开立侧压腿、弓步侧压腿、坐式腹股沟拉伸、仰卧提膝、仰卧举腿、仰卧抱腿等。运动员在进行静态练习时要注意以下四点：第一，每个动作保持15 ~ 20s；第二，每个动作重复练习2次；第三，每个星期要保证5 ~ 7次的练习；第四，静态练习要保证运动员身体的各部位都能得到练习，让每个肌群都能得到伸展锻炼。

（2）动态练习法

动态伸展练习一般运用在静态伸展练习之后，动态伸展练习比静态伸展练习的效果更加积极，动态伸展练习对运动员日常训练和参加比赛起到积极准备的作用。动态伸展运动是连接静态伸展运动和剧烈运动之间的桥梁，起到过渡的作用，它能使肌肉、韧带、关节从静止状态平稳过渡到剧烈运动的状态，形成一个循序渐进的过程，使负荷从小到大逐步增强，给机体一个逐渐适应的缓冲过程，为完成剧烈运动做好准备。动态伸展练习对关节活动范围的增大也能起到积极的作用，使运动员对关节的活动范围拥有最高的掌控能力。

（3）被动练习

被动练习是指运动员在教练员或是队友的帮助下完成的训练，只有运用正确的训练方法才能保证被动练习的安全性，被动练习对关节活动范围的增大具有一定作用。在做被动练习时，参与人员都要精神集中、谨慎操作，避免给练习者造成运动损伤。具体操作时要注意以下几点：第一，帮助运动员进行伸展练习时动作一定要缓慢、轻柔，施加压力的力度一定要有尺度，要一点一点逐渐增加，切忌急于求成。动作施压不稳定，会给运动员身体造成损伤；第二，被动练习强度要适中，既要使运动员感受到明显的牵张力又不能有疼痛感，一旦运动员感到明显不适就要立即终止练习；第三，运动员伸展的程度要因人而异，并不是幅度越大越好，要恰到好处，以最大限度地增加机体柔韧性而不感觉剧烈疼痛为原则；

第四，在整个被动练习过程中，运动员要与帮助练习者全程保持语言交流，有问题及时沟通，确保被动练习的安全性。被动柔韧练习有坐胯伸展、双膝触胸、单膝触胸、仰卧单腿交叉推压、仰卧屈膝分腿等。

7. 柔韧素质训练的注意事项

在进行柔韧素质训练时要做好以下几个方面：

第一，做好充足的准备工作。运动员在进行柔韧素质训练之前，要充分做好准备工作，首先要做好 3 ～ 5min 的热身运动，以确保安全、防止受伤。热身运动能将机体迅速地唤醒，使其快速地进入工作状态。

第二，遵循循序渐进的原则。柔韧训练的强度要循序渐进、逐渐加强，要给机体充分的缓冲时间。在做拉伸动作时幅度要逐渐增大，避免因用力过猛而造成损伤。

第三，合理安排训练时间。柔韧训练需要反复进行，因为一旦中断练习，身体的柔韧程度就会降低，因此，练习必须持之以恒。在每次训练之前都应该合理安排柔韧训练的时间：一是为了给下面的训练做准备；二是为了保持身体的柔韧水平。一般选取下午进行练习，在运动员有疲倦感的时候不宜进行练习。

第四，注重训练的顺序性和整体性。运动员在进行柔韧素质的训练时，要注重训练的顺序性和整体性。柔韧性的训练是以全身所有部位的均衡训练为基准，不应只强调某一部位的柔韧训练。另外，训练应遵循先训练大肌群再训练小肌群的原则。

（二）专项体能训练

1. 专项体能的概念

目前，国内外学界对专项体能概念的认知还没有达成一致的共识，大多数学者通常认为专项体能是指运动员必须具备的、与比赛项目息息相关的、能够充分体现比赛项目特点的相关体能，它标志着运动员自身的运动能力水平和对所从事的比赛项目的掌控程度。国内一些学者针对专项体能也提出了一些自己的见解。

专项体能与一般体能相比具有一些显著的特点：第一，在时间上具有相对的局限性。任何运动项目都有一定的时间限制，有些还是以用时短而取胜，因此，专项体能必须具有一定的时间局限性；第二，专项性。每种体育项目都有其自身固有的特征，也就具备其自身固有的属性，有些专项体能是根据项目本身进行界定的，因此具有专项性；第三，能力的动态性。运动员的专项体能也和一般体能一样具有动态性，并不是一成不变的，通过科学、系统的训练都能得到相应的提高；第四，评价的客观性。由于体育项目的不同，在对运动员的专项体能进行评价时，评价结果要具备客观性。

专项体能是指运动员为完成某个运动项目而具备的运动能力，这种能力依据不同的项目而表现出的专门化、定向化、定量化和个体化特征，也体现出专项体能的科学性、专业性；是指运动员在比赛过程中，所表现的、适合比赛项目的专门性体能，它是专项体育技能与专项战术能够顺利实施的根本保障；是提高运动成绩、提高运动员专项素质的有效工具；是运动员为完成比赛和专项训练而具备的能力，这种能力以运动员身体各器官和系统的协调工作能力和机能能力为基础；也是指参与完成专项体育动作和满足专项体育技能的骨骼、肌肉、神经、心理等各方面的调控机制以及人体多种机能协同发挥作用所形成的机体运动能力。

综上所述，专项体能是指以运动员身体运动能力为基础，针对不同的体育项目，满足不同比赛需要，能明显体现出本项目与其他运动项目不同的身体活动特征、比赛需求特征等。专项体能的核心作用是为了满足不同比赛项目的体能需求，还要使运动员保持适应比赛节奏的持续运动能力。

2. 专项体能训练的重要性

不论哪种运动项目都有其自身与众不同的专属特征，专项特征是指运动项目特有的，在比赛与训练的过程中表现出来的，与其他项目在医学、生物学、遗传学、运动学等方面相区别的标志。竞技健美操运动对运动员体能的要求不断提高，优秀运动员之间在技术执行的水平上已经无法拉开较大距离，因此，运动员的体能水平所表现出的专业性和精准性就成为决定比赛胜败的关键因素。专项体能训练注重训练细节的把握，倡导对各运动项目的具体特征和内在属性的深入研究，力求将专项体能训练与体育项目自身的特征完美整合。合理设计健美操专项体能训练是以充分了解体育项目特征为基本前提的。竞技健美操运动发展迅速，要求人们必须树立全新的训练理念和思路，打破传统体能训练的固有思维，合理设置训练的内容、强度、节奏和训练负荷，提高运动员在比赛中的专项竞技表现，这些都是提高专项运动训练的理想实施途径。

近年来，我国也出现了一些针对竞技健美操运动专项特征的研究成果，但研究的方向大多是宏观、外在的，缺乏有效、准确的实施方法、步骤。因此，应注重专项理论体系的研究与实际训练之间的应用联系，完成理论体系与微观结构的完美结合。总之，全面认识专项运动特征是提高体能训练水平的前提，对专项体能训练的高效性起到积极的推动作用。

3. 专项体能训练的策略

专项体能训练策略是指在充分了解某一运动项目特征的基础上，为了实现运动项目的训练目标，结合一定的理论基础制定的实施方案，具体包括：训练周期、训练内容、训练方法、训练负荷、训练比例、训练顺序、训练实施、训练评价等方面的内容。专项体能训练策略设计的目的体现在两个方面：其一，为了更快速、更高效地完成专项体能训练的目标，从根本上提高运动员的专项体能水平，用实践的真实成果促进专项体能训练理论体系的逐步完善，使专项体能训练具有更坚实稳固的理论根基；其二，完善的理论策略可以进一步指导实际的训练工作，让实践的脚步沿着理论指出的正确方向稳步前进。

（1）划分体能训练周期

一般来讲，人们想要实现一个比较大的目标时，首先需要把这个大目标细化成若干个小的目标，并且规划出相应的时间段来具体完成这些小目标，最终达到完成大目标的目的。专项体能训练总目标的设定就是这样一个大目标，为了将其完成，首先要进行的就是周期的安排与划分的问题。合理的周期安排与划分对体能训练策略的实施能起到宏观调控作用。训练周期的划分一般都是围绕着训练的年度目标来进行，根据具体的比赛时间将其划分为单周期、双周期、多周期几种类型。不论是哪种类型的分期，又可根据具体的专项运动比赛特征和运动员体能状态的具体情况而细化为：准备期、比赛期与调整期；然后再细化到每个月、周的训练期；最后细化到每日、每次的具体训练时间。

（2）设置体能训练的内容

体能训练的内容顾名思义就是"训练什么"的问题。在设置竞技健美操专项体能训练内容时，我们不能仅依据运动项目本身的特征和运动员的体能需求将专项体能训练内容简单地规划为有氧运动能力、无氧运动能力与专项肌肉运动能力，而要充分考虑将这些训练内容整合的问题。运动员在完成高强度有氧能力训练时，运动的性质决定了肌肉体积和肌纤维形态与功能会发生相应的改变，肌肉的爆发力和灵敏度有可能会因此而降低。为了避免这种情况的发生，我们可以在有氧能力训练中穿插短距离的冲刺和间歇性训练，这样既保证了训练的强度，维持了肌肉的爆发力，又达到了有氧专项训练的目的。这就需要我们在设置训练内容的时候，必须把运动专项特征的关联性考虑在内，综合处理有氧、无氧、力量训练的关系，将三者有机结合，以更好地完成专项训练的内容和目标。

（3）创新体能训练方法

体能训练方法是指在专项体能训练过程中，为了完成训练目标、提高训练的效率、充分提升运动员运动能力水平而采取的相应的、科学的、有效的途径和办法。专项体能训练是针对自己的专项有特别计划和要求的体能训练，其具有高度的科学性与技术性要求。为了提升运动员的专项体能，在比赛中能取得好的成绩，体能训练的设计者必须充分吸纳传统训练方法的精华，摒弃陈规陋习，在不断探索和研究的基础上提炼出更加符合运动项目特征的、行之有效的训练方法。科学有效的训练方法对大学生健美操运动员的专项体能训练具有积极的促进作用。

（4）合理安排体能训练负荷

科学地设置体能训练负荷与训练节奏可以使专项体能训练呈现良好的效果。负荷节奏是指不同强度训练负荷、负荷与负荷强度序列变化、训练与恢复等的交替安排和合理组合。运动员运动负荷的增减要依据运动员体能水平的提高或降低采取相应的变化。如果当前的运动负荷已经不能起到促进运动员专项体能提高的目的时，就要适度加大运动负荷，以此来对运动员的机体产生更大、更深刻的刺激作用，使运动员的体能水平产生适应性的变化。

虽然在理论上讲，加大机体体能训练负荷对运动员专项体能的发展具有一定的积极意义，但在具体的操作过程中也要注意避免急于求成，过量的训练负荷会使机体产生劣变性反应，对运动员的身体造成巨大的伤害，教练员在给运动员加大运动负荷时，要充分考虑训练负荷节奏的特点，依据其特殊的波浪式特征，安排好不同类型训练课和不同训练阶段的负荷节奏。

（三）耐力训练

1. 耐力的内涵和分类

（1）根据持续时间的分类

根据持续时间，耐力可以分为长时间耐力、中时间耐力、短时间耐力。第一，长时间耐力。运动员完成某项训练任务需要几分钟到几个小时的时间，而在这个过程中，在运动频率和速度都没有明显下降的情况下所必须具备的耐力素质被称作长时间耐力。长时间耐力又分为三个等级：第一级是指运动时间约为 11s ~ 30min；第二级是指运动时间约为 30 ~ 90min；第三级是指运动时间在 90min 以上的。第二，中时间耐力。中时间耐力是指运动员完成训练任务的时间在 2 ~ 11min 之间所必须具备的耐力素质被称作中时间耐力。第三，短时间耐力。短时间耐力是指运动员完成训练任务的时间在 45s ~ 2min 之间所必须具备的耐力素质被称作短时间耐力。

（2）根据人体器官机能分类

根据人体器官机能，耐力可以分为肌肉耐力和心血管耐力两种。第一，肌肉耐力。肌肉耐力是指肌肉对抗疲劳、克服自身运动阻力，长时间收缩用力保持工作状态的能力。肌肉耐力是人体耐力素质中的一个重要方面。肌肉耐力强的运动员，在训练和比赛的过程中能坚持更长的时间，也更容易完成训练目标，个人技术水平也更容易提升；第二，心血管耐力。心血管耐力是指人体呼吸、运输和利用氧气为机体活动服务的能力。在一定时间内一个人呼吸、运输和利用氧气的能力越强，其心血管耐力越强。心血管耐力又分为有氧耐力和无氧耐力。有氧耐力是指人体在氧气供应充足的情况下长时间活动的能力；无氧耐力是指人体在氧气供应不充足的情况下长时间活动的能力。还有学者认为心血管耐力除了分为有氧耐力和无氧耐力之外，还有一种有氧无氧混合耐力，这种耐力是指人体在有氧和无氧双重情况下的耐力。

2. 专项耐力

运动员要想在比赛中最大限度地发挥自身的水平并创造最佳的运动成绩，在耐力训练中仅依靠一般耐力的训练是远远不够的，在此基础上，便引出了专项耐力这一概念。

在某一活动中深入专项化的情况下，需要符合该活动特点的耐力，使机体产生特殊的适应性变化，由这一专项化发展起来的特殊耐力习惯上称为专项耐力。一般认为特殊耐力和专项耐力是局部性的同义词，专项耐力属于由运动专项化或其他专项化发展起来的特殊耐力。发展专项耐力的实质在于要有针对性地发展每种类型的特殊耐力，使之能达到全面完善运动能力和对活动做好专门性准备的程度。

　　运动员为了达到很高的专项耐力水平，必须强化耐力训练。专项耐力训练最主要的内容是在动作形式、结构和对机体功能系统最大限度接近比赛动作的基础上进行的专项训练。

　　专项耐力训练为直接提高专项运动成绩服务。这里涉及训练和比赛的一系列要求和问题，包括如何综合训练和提高专项个性因素、技术和战术能力、熟练性、身体素质能力以及与此相应的生物学适应能力和控制能力等问题。因此，典型的专项耐力训练应该达到所有的负荷指标，包括速度、动作频率、负荷时间以及某些外部问题。

第五章　健美操创新发展

第一节　健美操运动教学的创新发展

一、高校健美操教学创新发展的内容

（一）教学观念的创新发展

随着时代不断向前发展以及学校体育教育改革的进行，我国学校体育教学的指导思想也发生了一定程度的变化。目前"健康第一""终身体育"已成为我国高校体育教学的指导思想，高校健美操运动的教学也应以此为指导思想。这就要求在健美操教学中，教师要逐步改变传统的教学思想和观念，在教授学生健美操基本知识的同时，将教授学生健美操动作技能作为教学重点，给予学生更多的锻炼机会，教授学生健美操运动的动作技能，使学生掌握体育锻炼的技巧方式，为以后的终身体育锻炼打下坚实的基础。教学中还要注意以人为本，从学生的需求出发，根据学生的具体情况安排教学，保证健美操教学的科学合理性。

（二）教学内容的创新发展

虽然相比以前我国的健美操教学水平上了一个新的台阶，但目前总体来看，我国高校健美操教学内容还比较陈旧单一，致使健美操课显得枯燥乏味，难以满足学生的需求，因此高校健美操运动的教学内容也必须不断发展创新，要在保留原有的教学内容的基础上增加对学生多种能力的培养，如健美操的欣赏和创编能力、健美操的实践和独立锻炼能力、健美操学习和分析解决问题的能力，提高学生的综合素质，以便学生步入社会能够应对严峻激烈的竞争。

在新形势下，休闲体育运动逐渐成为一种潮流和时尚，以健身、娱乐和兴趣

为主题的健美操运动成为其重要内容，受到学生们的喜爱和欢迎。高校健美操运动教学内容的发展创新应紧跟时代潮流，将这些时尚流行的大众健美操等项目引入高校健美操教学，满足学生学习的需求，也能提高学生学习的热情和积极性，获得理想的教学效果。

（三）教学方法的创新发展

随着现代教育的不断发展，传统的教学方法已难以适应现代体育教学的需要，因此现代化的教学方法被广泛采纳。在健美操教学中，运用多媒体等现代化手段进行教学，直观性更强，让学生能够更清晰地掌握动作要领，增强了教学趣味性，调动了学生学习的兴趣和主动性。现代化教学方法的运用是高校健美操运动教学方法发展创新的方向。

运用现代化的教学方法首先需要增强对高校健美操教学的重视，加大对健美操教学的投入，改进完善健美操运动教学的设备，为运用现代化教学方法进行健美操教学奠定必要的基础。运用现代化教学方法进行健美操教学还需要广大高校健美操教师提高自身的综合素质，广大教师要积极学习，接受新事物、新知识，掌握现代化教学设备的操作方法，促进现代化教学方法在高校健美操运动教学中的应用。

（四）教学能力的创新发展

健美操教学能力是以健美操技术教学为中心，表现为多种能力的协调活动。它包括教学设计的能力、动作技术的演示能力、教学口头表达的能力、技能观察分析的能力、运用教法的能力、教案编写的能力等。这些能力都属于健美操教师必备的基本功。教师教学能力的提高是高校健美操教学水平不断提高的重要因素之一。

1. 教学设计的能力

（1）健美操教学设计的要求

为了保证教学的顺利进行，达到预期的教学效果，必须要进行教学设计。教学设计，就是按照教学科学化、最优化的要求，在教学过程的各个方面作出合理的安排。具体地说，就是要确定某一教学阶段某些动作技术的教学目的，并围绕完成教学目的这个中心来安排教学内容、组织教学过程和选择教学方法，制订出完整的教学方案。

教学设计的项目一般包括教学目的、教学内容、教学过程和教学方法等。

①确定合适的教学目的。健美操的教学目的要符合教学序列的要求、明确教学内容在教学序列中所占的位置，要考虑到基本动作、组合动作和成套动作的特点与学生的实际情况，使基本动作、组合动作和成套动作的教学目的成为教学序列中的一个点。健美操教材应以技术动作为主体，并为学生学习健美操课程提供范例。根据健美操项目的教学特点和学生的实际情况，建立有条不紊的序列，既可保证教学有的放矢、落实任务，又可避免教学的随意性和盲目性，增强健美操教学的科学性。

②精选教学内容。由于高校健美操教学时间非常紧张，教学时数很有限，因此必须在一定限量内确定教学内容的主次、轻重环节，才能有利于教材内容的完成。为此，教师对教学内容要进行加工处理。首先，必须深入钻研教学内容，包括教学计划、教学大纲、教科书。钻研教学计划就是要了解健美操课程的目的任务、教学时数和周学时的安排，领会健美操课安排的统一性与灵活性。钻研教学大纲，就是要弄清健美操课程的教学目的，了解健美操课程的教材体系和基本内容、明确健美操课程教学法上的基本要求。钻研教科书是指教师要熟练掌握教科书的全部内容，包括教科书的编写意图、组织结构、重点章节以及各章节的重点、难点和关键。总之，加工处理教学内容，其目的是依据学生接受的可能性，分析判断教学内容的可传递性，使教师的教能主动地适应学生的学。以有效地实现知识、技术和技能的传授。其次，教师对教学内容进行选择、组织、调整、安排。选择组织教学内容，就是教师在深入了解教学对象、掌握学生学习规律的基础上，对教学内容作教学方法的加工，使所教的内容转换成学生易于掌握、乐意接受的形式。同时还应按照预定的内容，围绕重点，适当补充，必要时还应适当删减。调整安排教学内容，是根据联合动作或成套动作的编排原则重新组合教学的内容，以利于进行综合性的技术训练。

③组织合理的教学过程。健美操教学活动是一个统一的整体，主要包括教师与教材内容、学生与教材内容、教师的教与学生的学三个方面。其中学生和教材内容又是学生领会教学内容和培养实践能力的主体。学生的思想是"活"的，教材的体系是死的，在教学中要能使教材内容为学生获得知识、技能服务，就需要教师认真探究学生的学习规律，组织合理的教学过程。

在健美操教学中，教师要根据教学的主要任务来确定健美操课的类型和结构。课型有新授课、复习课、综合课和考核课等。其中每一种类型的课都有一定结构，课型不同，其结构也不同，教师要根据本节课的目的、方法、教学对象和教学内容的特点设计课的结构。对于课的结构的安排设计，要从实际出发，既要有模式，又要避免模式化。任何有价值的教学模式，如果把它绝对化，一味套用，就不会有好的教学效果。

④选用有效的教学方法。在健美操教学中，教师在选择教学方法时，要有一定的指导思想。主要内容有：第一，启发式教学是运用任何教学方法的指导思想。具体的教学方法由于指导思想不同，既可能产生启发的作用，也可能出现"填鸭式"的弊端。衡量一种教学方法是否具有启发性，关键在于教师能否促进学生积极主动地去学习。第二，选用教学方法必须服务于目的任务，必须注意教学的启发性，强调在教师主导作用下，教会学生善于学习。

教学方法选择的标准，应适合教学的具体任务、教学内容的特点和学生的实际。另外，教学手段、教学环节、教师本身具备的条件、场地设备条件等因素，也影响教学方法的选择。

教学方法选择的程序为：第一，明确选择的标准。第二，结合教学的具体任务，对教学方法作最优选择。第三，考虑教学方法的综合效用，选用教学方法要注意多样性。

需要注意的是，教学方法是在不断发展的。教师在选用教学方法时，要能充分发挥自己的能动性和自己的特长，进行创造性的实践。

进行教学设计时，应从上述四个方面的要求出发，其目的是要充分体现健美操教学的各项原则，并保持贯彻教学原则的有机统一，寻求最合理途径，以利于促进教学过程的优化程度。

（2）健美操教学设计能力的培养

①钻研教材内容。进行健美操教学设计，首先就要钻研教材内容，第一步应了解教材内容体系及特点，掌握全部内容，厘清教学思路。第二步确定教学重点、难点和关键。第三步确定处理方法，哪些方面需补充，哪些方面需调整，哪些方面要加以探讨，都要做到心中有数。钻研教材内容在进入健美操教学课时就可进行初步训练，为教学设计打下基础。

②教学综合设计。健美操综合设计的内容主要包括教学的目的和任务，教学重点、难点，课型，课的结构，教学方法，直观教具，器械配备及保护设施等。在教学综合设计前，教师应让学生获得感性经验和理性认识，可以组织教学观摩或观看教学录像，分析教案或对优秀教师的课堂教学设计进行评析。经过这样的学习过程再进行教学设计，就会获得更多的实际效益。

教师可以根据大纲的一般要求确定一次课的教材内容，指导学生进行教学设计，其目的在于提高学生课堂教学整体设计的初步能力。设计前，把握教材内容的重点，准确地确定该课的教学目的和教学内容。在此基础上，设计好每个教学环节。设计中要特别注意各个教学环节之间的联系，使课型结构形成一个协调的整体。综合设计通过教案体现出来，能力训练主要结合编写教案进行。在健美操教学期间，教师应有计划地组织学生编写教案，加强教师与学生之间的沟通和交流。

为了逐步提高设计水平，还可以选择典型教材内容的教学进行最佳设计。教师应根据教学设计的标准，从教学目的、教学内容、教学过程和教学方法等方面提出优化要求，让学生按要求进行设计练习。优化教学设计难度较大的课，对于学生的训练不能操之过急，应从教学目的出发，教学方法由易到难，逐一要求，学生若能达到某些优化标准则应给予充分肯定。如此遵守由易到难的顺序，达到教学设计标准化就不难实现。

2. 直观演示能力

在健美操教学中，直观演示具有多种多样的形式，包括示范动作的演示和电教手段的演示等。这些演示形式各有特点和要求，需要有计划、有针对性地进行训练，才能达到预期的效果。

（1）健美操直观演示的要求

①明确直观演示的目的性。健美操教学的直观性是教师在教学中有目的地组织学生的感知觉，通过动作示范和各种直观手段的演示，丰富直接经验和感性认知，使学生获得正确动作的生动表象。从而由这个直观的认识环节开始，结合学生的实际练习活动，把动作概念的掌握建立在感觉、知觉的基础上。

健美操教学基于这个基础，其目的在于使具体动作的整体形象及其结构成分在最大程度上为感性知觉所接受，作为它引出的结果，是要达到对所学动作有机地结合相应的肌肉运动表象，以及加快形成动作技能和技巧。所以，在实际运作直观演示法时，应从它的目的性出发，必须把直观性建立在能为学生直接感知的具体形象之上，才有可能在获取知识和形成动作技能的过程中，以最佳方式保证具体与抽象之间的联系，促进教学任务的顺利完成。

②讲求直观演示的科学性。直观演示的科学性具体表现在以下几个方面：

第一，示范动作的正确优美性。示范动作是学生模仿练习的蓝本，是学生借以形成动作印象的重要来源，因此示范动作的正确优美性是非常重要的。示范动作不正确优美，会导致学生产生不正确的运动表象，以致形成错误的动作定型，这对以后"改错、纠正"是十分困难的。

示范动作的正确优美性还在于教师做示范动作或运用直观手段时的熟练程度。示范得当，能引发学生自觉、主动地去感知所示动作，但示范方法不妥，学生就不易获得正确的视觉形象。所以，示范动作的正确优美性是教师进行健美操教学时最能调动和激发学生自觉投入学习的积极因素。

第二，整体示范和分解示范相结合。整体示范和分解示范在直观教学中具有不同的作用。整体示范有助于学生了解完整动作的一般特征，培养学生掌握整体动作是教学的目的；分解示范有助于学生明察动作细节的特点。分解不是目的，而是手段，其目的是更好地掌握整体。教师有意地把直观演示由整体引向分解，易于使学生区分动作的内容、表象或表象的要素。这样，学生的知觉就有了计划性和层次性。

整体示范与分解示范能帮助学生扩大注意范围和知觉广度，以及建立清晰而较完整的动作印象。但需要注意的是，在运用分解示范时，并不一定要完全按照健美操动作的固定化模式，而是要根据具体动作的结构特点而定。

第三，示范与讲解相结合。在示范与讲解过程中，加强两种信号系统的协调活动，是促进感知更精确且富有理解性的一个重要环节。

健美操教学活动的智力化，体现在示范与讲解相结合的过程中。语言功能具有重要的作用。教学中，运动表象的形成，不仅要通过示范、利用直观感知来调节，而且要结合讲解动作的要领，借助语言来思维。在直观感知中，单凭动作及其细节的示范演示，通常不能清楚地感知动作的要领，示范只有结合语言讲解才能发挥直观感知的作用。

健美操动作技术的讲解是在深刻理解和体会动作正确技术要领的基础上，所具备的一种语言表述能力。教师在示范时，应该用语言或专业术语，准确、有条理地指导学生"感知什么、怎样感知"，使学生在掌握直观教学内容时能应用语言形式来记忆学习内容。因此，在示范过程中简明扼要地进行讲解，不仅可以让学生在完成动作时能够准确地掌握身体各部位的方向、路线、幅度、速度、节奏和肌肉用力顺序等，而是也能掌握动作的重点和难点。

示范与讲解相结合的形式是多种多样的，如何结合应根据教学目的、任务、内容和学生已有经验灵活运用。

（2）健美操直观演示能力的培养

①动作绘画的训练。动作绘画也是大学生学习健美操所必须具备的基本功。大学生在专业学习期间要利用零星时间，结合教材内容进行绘画练习，有条件的可以通过健美操绘图课进行系统训练。平时应布置课堂作业，要求学生联系学习内容，进行绘画练习。练习要多从动作的基本线条画起，为绘画技能奠定基础。对学生的绘画作业练习，要加强督促，认真批阅，并对练习结果及时作出评价。对不重视绘画练习，图像极其潦草的，应责其重画。

②动作示范能力的训练。动作示范能力训练的主要的目的是培养学生正确、优美、独立地完成动作的能力。其训练的途径可以从以下几个方面着手：

第一，组织学生观看即将学习的成套健美操和各国现代健美操竞赛与表演的录像，使学生形成正确的动作表象，并了解先进的健美操动作技术；

第二，学习并强化健美操基本动作的练习；

第三，反复练习成套动作，并尽力使学生完成得正确、熟练、优美。

第四，组织相互观察、相互评比；

第五，组织分组轮换表演；

第六，一个或几个同学在队前带领练习。

③配合讲解演示的训练。配合讲解演示的训练目的是使学生能恰当地安排演示中的内容、程序和时机的同时动作名称、术语。教师提出问题，让学生在示范中讲述完成动作的要领、要求和注意事项，并据教学进度和课程任务，让学生评议完成情况。

3. 教学口头表达能力

口头讲解是健美操教师传授知识、技能的基本手段。口头表达能力的高低，是衡量一个健美操教师教学能力的重要标准。对健美操动作技术来说，教师的口头表达对学生学习讲解技能是一种示范，有着特殊的意义。

由于受传统教学思想的影响，健美操技术教学往往注重技术训练，而不重视能力培养。口头表达能力方面所存在的问题是上课唯有教师讲、学生练，课内课外唯练是从，学生动得了手却动不了口，缺少语言环境，得不到口头表达能力的应有训练。这样，久而久之，就会造成学生学习上的畸形发展，思维不敏捷，会做不会讲，口头表达能力受到抑制。因此，健美操教学中应根据学生能力培养的途径，加强教学口头表达能力的训练。

（1）健美操教学口头表达的要求

教学口头表达除了必须符合一般口语的规范外，还应具备以下要求：

①表达准确、明白、生动。

准确：指语言符合现代汉语规范。体操教学的口语要特别注意讲解动作技术原理时的逻辑性，要做到概念清楚、判断恰当、推理正确。

明白：教学口语的明白。主要指讲解动作要领要深入浅出。教师要善于化繁为简，把抽象的东西讲得具体，把难懂的东西讲得通俗。

生动：指语言讲解富有表现力。能引人入胜。教师要努力借助于自然协调的教态，包括手势、表情、姿势等，以增强口头表达的效果。

准确、明白、生动，这三者应该统一，首先力求准确，在准确的基础上再求明白、生动。

②适度地调节教学节奏。口头讲解应有适当的节奏，教师说话的快慢、停顿要与学生的练习活动协调一致，使练习强度、密度大小得宜，错落有序。教师讲解动作要领时，要让学生边听、边练、边思考，充分理解语意。遇到教学重点、难点，语速应稍慢，顾及学生领会的效果；一般的提示语速可略快。讲解的音频如果一律是低调，会使学习空气沉闷，分散注意力；如一律是高调，会使学生大脑抑制，影响听力效果。讲解的语调只有高低相宜，才能有利于控制教学节奏。要提高口头表达的自我调节能力，除了积累课堂教学经验以外，最重要的是教师在讲解时要做到心中有学生，注意观察学生听讲的表情，及时发现他们听讲中的

问题，从而自觉地调整语言节奏。

③教学语言要具有启发性。在健美操技能教学中，要求教师的讲解要具有一定的启发性和鼓励性，教师用生动的语言调动学生积极思考，使他们在掌握动作技能中开动脑筋独立地去获取知识。健美操中的启发性教学要有以下几点要求：

第一，从学生实际出发。从学生的实际情况出发，全面了解学生，才能做到有的放矢，才能收到预期的效果。如果言之无物，尽管把动作技术要领讲得"头头是道"，也不可能对学生有所启发。

第二，讲解要体现"少而精"。教学中启发式讲解与"少而精"是密不可分的。"少而精"要求教师要研究"讲"的内容，确定"讲"的重点、难点，要组织"讲"的程序，使之符合学生掌握动作技能的实践规律；要注重讲的方法，"讲"的语言要明确、简洁、生动。讲解是一种教学艺术，不重视"讲"，蜻蜓点水地讲，或喧宾夺主地讲，或不注重"讲、练"的有机结合，都是不符合启发性要求的。

第三，讲解要生动，能引起学生的兴趣。兴趣是直接推动学生主动学习的内在动力。学生对学习的兴趣，又往往取决于教师有目的地培养。教师在讲解过程中要善于"寓教于乐"，教学有方，开窍有术。教师在教学中精练、生动形象的讲解，是诱发和培养学生学习兴趣的重要条件。所以，教师要根据健美操的教学特点，采取相应的措施，努力提高讲解的艺术性和趣味性。

（2）教学口头表达能力的培养

口头表达能力的培养训练可采用以下几种形式：

①"讲、练"中的提问训练。提问是语言口头表达的形式之一。在健美操教学的讲、练过程中，适当、灵活地运用一些必要的课堂提问，对巩固学生所学的知识、技能以及学生口头表达能力的训练是一种行之有效的方法。提问，从其有效运用方面而言，它可以有机地贯穿于动作技能的讲、练之中，促使课堂教学生动、活泼，学生积极主动地掌握知识、技能，获得良好的教学效果。

在健美操教学中，教师要把提问列入备课计划，作为教学活动的个基本环节，贯穿始终。健美操教学课堂提问，一般采用以下几种方式：

第一，巩固性提问。这主要通过复习教材内容进行。教师提问时，要从具体问题出发，明确要求，让学生回忆和复习已学过的动作，并启发他们深入实际练习，进一步思索概念，改进技术，以达到"练中有疑，以求其解"。

第二，强化性提问。在动作技能教学中，为了使学生顺利地掌握所学动作的概念，把一时难以理解的技术问题，加以强调，突出重点。

第三，检查性提问。在讲解过程中，教师为了随时检查学生的听讲效果，可抓住有利时机，提出一些概念性的问题，让学生回答，从而了解学生的知识水平、表达能力和理解能力。这种提问先由教师向全班同学发起，引导学生共同思考，接着再指定学生回答，必要时进行连续性的追问、反诘，以督促更多的学生仔细倾听别人的答话，养成他们自觉听讲、分析问题和判断问题的习惯。

②课堂试教。课堂试教是采取正规的课堂教学形式，力求把预讲搞得和正式上课一样。课堂试教要求在预定的技能练习房里进行，听讲的对象由班级学生组成。"教师"和"学生"都必须进入"角色"，尽可能营造课堂教学的氛围，预讲内容是一节完整的课，要严格按照教案执行。这种综合训练，除了应符合教学口语的一般要求外，还要考虑口语形式与教学进程、教学方法协调一致，使教学语言成为提高教学质量的有效手段。综合训练难度较大，在训练前，应组织学生到有关专业学校听课，观看优秀教师的课堂教学录像，以便充分取得应用教学口语的感性经验。

4. 技术观察能力

在健美操教学中，为了配合教学任务的需要，教师结合示范动作或直观演示，组织学生有意识、有目的、有计划地感知某一特定动作的技术，并力求去认识它，这种根据教学要求按教学程序所获得的知觉称为观察。所谓技术观察就是通过观察，对动作技术进行分析综合。

技术观察方法是学生学习健美操知识和技能的一条捷径，也是检查健美操教学方法的实践基础。因此，重视技术观察能力训练，是健美操教学中不容忽视的一项教学任务。

（1）健美操技术观察的基本要求

技术观察是根据技术动作的教学目的与要求、通过各种教学媒介以视频信息和声频信息刺激学生的感官，使学生获得感知，引起心理活动变化，促进学生积极思考，帮助学生理解和掌握动作技能。教学实践表明，技能观察只有在遵循学习心理学的原则，符合学习行为的心理学规律的前提下，才会获得良好的效果。技术观察要注意以下几点要求：

①根据知觉的整体性的特点，进行技术观察应做到重点突出。知觉的整体性是复合刺激物总是被感知为一个统一的整体，但一个相同的复合刺激物，由于突出的重点不同，作为感知的结果的"统一的整体"也是不相同的。因此，在技术观察中，注意运用知觉的整体性的特点，突出重点，对于获得正确的感知结构是十分必要的。

②根据知觉选择性的特点，应提高技术观察的生动性。技术观察的生动性与教材内容的生动性直接相关。教材内容直观中重视感知活动规律的运用，是影响教材内容生动性的重要条件。这条规律说明，在静止不变的背景下，运动变化的对象容易被感知。因为活动的对象比静止的对象具有更大的吸引力，更能增强感知效果。

③根据感知理解性的特点，进行技术观察要充分了解学生已有的知识经验和注意词与形象的结合。知觉理解性的特点，表现在学生感知对象的时候，总是根据过去的知识经验来理解它。在技术观察中，学生感知的内容与已有的知识、经验越接近，就越易于理解。因此，了解学生已有的知识、经验水平对于保证学生充分理解教材内容是很有必要的。

词与形象的结合是观察过程中促进理解、形成感性知识的重要条件。研究表明，在模仿与直观看动作中，如果形象与词分离，仅有示范动作的形象作用，而缺乏词的作用，则难以使学生获得确切的感性认知。

（2）健美操技术观察能力的培养

①指导学生观察的方法。"善于教人者，教人以方法"。培养学生的技术观察能力，就是要指导学生学会如何观察，把观察的方法教给学生。观察方法主要有：

第一，整体观察法。整体观察是伴随示范动作完整形象，指示学生从建立动作的完整概念出发，去感知动作的全过程。教学中，学生认识动作技术的规律，通常都是从认识动作的名称、术语和动作区完整形象开始的。因此，整体观察法的运用，在动作概念形成的最初阶段，对于学生认识动作，即形成视觉表象的完整性有其重要意义。

在各个教学阶段，教师根据教学任务的需要，经常地、适当地组织学生进行整体观察训练，有助于培养学生"通过现象窥本质"的观察力。

第二，分解观察法。分解观察应以分解练习法的原则为依据，教师从完整动作的结构中，合理分解成几个部分，指导学生对分解的部分进行有意观察学习，最后达到掌握动作技能的一种方法。分解观察法的运用，是按照教学任务的转移，由完整动作转向动作的分解，即从完整动作中突出其分解部分，目的是通过观察活动加以强化。教学经验表明：在实际教学中，整体观察与分解观察都有其不同的特点和要求，但从分解综合的效果来看，在一定条件下，两者结合运用，不仅可以提高观察效率，而且更有利于观察能力的训练。

第三，对比观察法。直观教学中，通过对比观察提出和解决技术性问题，既可以引起学生的高度注意，促进积极思考，加深对动作概念的理解，又可训练学生进行对比分析和鉴别的能力。所以，用对比的方式边讲边观察是实现启发式教学的一种有效手段。

②发挥教师指导语的作用。为了确有成效地训练学生的技术观察能力，教师除了进行方法指导外，还需要充分发挥教师指导语的作用。从观察的功能来说，教师的指导语应符合以下三方面的作用：

第一，定向作用。在观察训练前，教师要先提出明确的观察目的和具体要求，指明观察的程序、引导学生有意识地了解自己所面临的观察任务是很重要的。

第二，加深作用。这表现在两个方面：一是教师的指导语要考虑如何起到加深理解的作用，引导学生提出他们仅在现象上不能得出的结论；二是指出"到底是怎么样的""为什么会这样的"问题，把抽象的观察结论引向具体化，这也是观察深入的一个标志。

第三，提示作用。在观察前和观察中，教师提示或讲解有关观察对象的知识，有助于学生巩固所学的知识，并在观察中得到验证，同时也会起到开拓学生观察思路的作用。

5. 教案编写能力

健美操教师书面表达能力的高低与能否上好课有着密切的关系。健美操教学的书面表达在这里主要指教案文字的表达形式，这种表达形式有一定的特点和要求，需要经过训练，才能熟练掌握。

（1）健美操教案的编写要求

①编写的目的性。所谓目的性，是指一节课所要达到的教学目的，这是在教案之前首先必须明确的，如果教学目的不明确，教材内容的处理、课堂的结构等

都会失去依据，其结果是教学内容不是面面俱到、多而不当，就是顾此失彼、少而不精，势必不能完成大纲所规定的教学任务。教案的目的性取决于大纲的要求、教材的内容和学生的实际。只有认真研究这三个方面，才能恰当地确定教学目的。学生初写教案，存在的主要问题是目的性不明确，因而教案内容往往重点不突出；有的教案虽写了教学目的，但教案的内容却文不对题；有的教案目的要求与大纲的规定不符。因此，训练学生编写教案，在确定教学目的性问题上，应特别注意加强指导。

②编写的计划性。教案，即课时计划。教案的计划性是十分重要的，它不仅关系到教案本身的质量，更重要的是关系到课堂教学的质量。计划性主要是指教学内容、教学过程的安排、教学方法的选择和现代化教学手段的配合运用，以及各教学环节时间分配等，都应完整有序。如果教材内容丰富，需要重复课时多，那就更要注意教案的计划性。例如，每节课的课型和结构怎样确定，课时任务怎样分配，课业练习怎样组合，怎样讲，怎样练等，都应精心设计，周密考虑。

③编写的科学性。所谓科学性，是指所写的教案，无论对知识内容或动作概念、原理的讲述，运动负荷的安排，图解的图形绘制，以及文字表达，都应当准确无误。科学性不仅是教学思想性的基础，而且也体现传授科学的运动知识、技能是教学的主要任务。因为健美操专业学生的学习还处于打基础的阶段，对知识技能的正误缺乏分辨能力，教师稍不注意，就会贻害他们。在保证教案的科学性上，首先应要求学生做到准确地掌握教材内容，不能一知半解；其次，所要叙述的动作概念要确切；另外，教案的语言必须简明通顺，条理清楚，书写正确、工整，如发现有文字表达上的概念性错误，应立即予以纠正。

（2）健美操课教案编写能力的培养

第一，教案基本写法训练。要着重练习教案编写的内容和一般格式，并能用准确、简明的文字、图表反映教学设计的成果。这种训练一般与教学的单项设计、综合设计一道进行，要求学生将有关的设计，按教案编写的基本要求转化为文字。从教学目的、教学过程，从讲练内容到教学手段的运用，都应分行书写，做到条理井然，纲目分明，行款规范。

第二，教案中的"特写"，在行文款式上要讲究。编写教案时，对动作的技术要点、主要教学手段、重点课业练习。都要设法用方案加以"特写"，使教案清晰、醒目，便于进行课前预习。特写的方法有：①放大字体或变换字形；②用符号做标记；③用彩色笔做标记；④用图解表示动作的方向、路线；⑤在正文旁边作简要批注，如"重点""要领""关键""重练""略讲"等。

第三，教案编写要重在实用性训练，这是编写正式教案的训练，多在模拟教学或教学实习中进行。编写时应着眼于教案内容的和谐，编写的统一，能圆满地达到教学目的；表述简要清楚，便于施教。试教前，教师应审阅教案，并根据其教案的任务要求，有针对性地提出具体意见。对教案中存在的一些问题，要进行个别面谈，了解编写者教学意图和设计打算后再作指导。试教后，还可根据教案使用的情况，对编写提出意见。教案书面表达应着重进行以上训练。很显然，教案书写的形式是以一般书面表达为基础的，同时需有较强的教学书面表达能力。因此，学生应在平时加强一般文字的书写训练。

综上所述，以上几种健美操教学的基本技能是相互联系、相互促进的。在健美操教学的过程中，应对每一种能力进行训练，做到统筹兼顾，灵活安排。

（五）教学考核方式的创新发展

健美操教学的考核也是至关重要的，它能检验健美操教学的质量和效果，促进健美操教学更好地发展。在高校健美操教学考核中应重视学生在学习过程中的进步幅度与努力求知的创新程度，注重形成性评价，鼓励学生鉴别音乐、判断节奏，鼓励学生自我评价，鼓励学生创编新动作、新套路；鼓励学生选择、保存、复制、剪辑音乐，注重健美操全面素质、能力的培养和提高。高校健美操运动考核方式的发展创新应探索制订科学的创新评估体系，在制订评价体系的过程中，注重形成性评价与终结性评价两者的合适比重，注重学生的主体地位和作用。

二、高校健美操教学创新的对策

（一）改革和完善健美操的教学模式

教学模式是健美操教学中重要的要素。一方面，健美操是一项时尚健身项目，是随着时代的进步而逐渐发展起来的，其更新换代的速度较快。另一方面，高校大学生好奇心强，乐于接受新事物。因此，高校健美操的教学必须解放思想，打破原来单一、枯燥的教学模式，重视教学过程中的开放性和现代性。教师在教学过程中应重视教学内容与教学方法的丰富多样性，从学生实际需要出发，改进和吸收一些学生感兴趣的教学内容，以提高教学效果，满足大学生对健美操不断发展的要求。

（二）加强教师与学生的交流，正确处理教学关系

高校健美操的教学是教师和学生共同参与的双边教学过程，教师和学生的关系在教学过程中发挥着重要的作用，在现代健美操教学中，要打破"导学式""注入式""填鸭式"的教学方法和教学模式，在注重教师的示范指导作用的同时，给学生充足的自主练习时间，充分调动学生学习的主动性和积极性，活跃课堂气氛，将教师的主导作用和学生的自主学习结合起来，使学生在轻松、愉快的教学环境中学习健美操知识、提高健美操运动技能。

（三）加强学生的美育教育

高校健美操的教学目的主要以健身、提高审美能力为主。因此，高校体育教师应在重视大学生身心素质全面发展的基础上，重视学生的美育教育，以提高大学生欣赏美、评价美的能力。在高校健美操教学实践中，教师应改变以往一堂课一首音乐的单一教学，应适量增加不同风格、不同节奏的音乐，以丰富学生的认识。在高校健美操教学实践外，教师应积极采用引导式的方式，潜移默化地向学生灌输健康美的优点和好处，提高学生的审美观，使其自觉地增强身体素质、改进技术动作、提高身体的协调性和柔韧性，培养自信心等，加强大学生对美的感受和理解。

（四）培养和提高学生的创编能力

大学生健美操创编能力的培养是由高校素质教育教学目标所决定的。在高校健美操教学中，教师可以通过在教学过程中多放一些不同节奏和不同风格的音乐，多看一些健美操的录影录像资料等，有针对性地提高大学生的技术水平、想象能力、创新能力和对音乐的欣赏能力。另外，教师应在教学中给学生提供丰富的健美操教学素材，以便学生在进行健美操创编时加以参照和运用。对学生自主创编的健美操动作或套路，教师应善于肯定其优点，同时客观地指出不足，以培养学生的健美操创编能力。

（五）提升教师的专业素质能力

在健美操教学中，提升健美操教师的专业素质能力对改善和提高健美操教学

效果具有重要意义。高校健美操教师的专业素质和水平的提高主要包括以下几个方面：

1. 具有良好的个人形象

首先，高校健美操教师应具有充沛的精力和健美的形体，具体表现为体形健美、气质高雅、精力充沛、体能良好。目的是发挥健美操教师的榜样作用，树立学生参与锻炼的信心和决心。

其次，健美操教师应具有充分展现个人魅力的能力，具体表现为乐观、外向、开朗、活泼。性格外向的健美操教师会使人感觉充满朝气，能营造出良好的课堂气氛，师生之间可以和谐交流，能吸引更多的学生加入健美操的学习中去。

2. 具备广泛的知识领域

首先，高校健美操教师应熟悉与健美操有关的相关学科知识，在教学中重视将有氧运动项目与健美操相结合，重视舞蹈与健美操相结合，重视创新，而不是仅仅停留在原来的专业基础上。

其次，高校健美操教师应懂得人体测量评价与健康营养的知识。随着科技的发展，现代人的生活方式更加注重健康和营养，教师在健美操教学中有意识地增加自己的人体测量评价与健康营养常识有助于结合学生的身体发展状况进行有针对的教学，从而促进学生的健康发展。这就需要教师能够熟悉《人体测量与评价学》《运动营养学》《运动生理学》《运动损伤》《运动医学》及《体育保健学》等知识。在教学中了解学生的饮食习惯、生活方式，可以结合学生的身体状况进行有针对性的健美操教学，培养学生的姿态美、形体美、健康美。

最后，健美操教师应具备一定的音乐知识。音乐是健美操的灵魂，在教学中，教师必须了解音乐的基础知识，熟悉各种音乐风格、音乐节奏，能使健美操音乐与健美操动作合理搭配进行教学和创编。

3. 储备扎实的专业素质

首先，高校健美操教师应具备健美操教学的专业理论知识和技术知识。以实践课为例，正确的动作示范是学生学习健美操动作的第一步，如果教师的动作示范不正确，不仅影响动作的观赏性，还有可能造成关节和肌肉的损伤。

其次，健美操教师还应具备较强的教学能力，高校健美操课不是简单的动作重复和蹦蹦跳跳，教师应科学组织教学、合理设计动作、正确选配音乐、营造和谐的教学环境，还应照顾到每一个学生的体育需求等，任何一个教学环节的失误都有可能使教学效果不理想。

最后，健美操教师还要具备高度的敬业精神。为了提高健美操教学质量，需要教师投入大量的时间和精力去设计每一堂课的教学，教师要结合学生的学习程度，设计不同难度的健美操教学动作和选择不同节奏的音乐，或简单易学或复杂多变，或节奏缓慢或节奏轻快。

4. 树立良好的职业道德

健美操教师应树立服务意识，为学生提供安全有效的健身服务。一个好的健美操教师同时也应该是一个好的健身教师，应该热爱健美操事业，应对学生的安全、健康负责，切实为学生的安全和利益着想，热情真诚地为他们服务。在教学中具体表现为健美操教师要了解每一个学生的健康状况和家族病史，清楚学生的体育需求，为每一个学生选择科学合理的锻炼项目、适宜的运动量和运动强度、合理的动作和音乐节奏、符合学生实际情况的健身计划等。并在学生的健身过程中指导学生，及时发现并纠正其错误动作、及时预防基因技术错误而造成损伤、及时诊断或处理学生已经出现的损伤。

5. 具有与时俱进，勇于创新的精神

我国高校健美操的教学历史较短，和健美操发展成熟的国家相比还有很大的差距，高校健美操教师应该认识到差距所在，重视更新自己的专业知识和技术技能，善于学习、善于研究、善于创新，与国际健美操的发展接轨，与时俱进。要了解健美操发展的最新态势和最新研究成果，并将这些新知识、新动态、新成果应用到高校健美操教学实践中去，不断提高健美操教学的质量，以符合当今新时代下健美操在高校中的发展和教学改革的要求，不断培养出适应社会需求的全面发展的高素质人才。

（六）注重电化教学，引入多媒体课件辅助教学

重视先进科学技术在高校体育教学中的应用已经成为当前高校体育教育教学的最新发展趋势，现代化多媒体辅助教学手段也已经逐渐引起高校健美操教师的重视。教学实践证明，多媒体课件辅助健美操教学具有声像俱全、图文并茂、伴奏优美等特点，能使大学生在轻松的气氛和愉悦的心境中进行健美操的练习。因此，在健美操教学中，引入多媒体课件辅助教学会给学生提供良好的学习环境，他们可以根据自己的知识和技能水平合理安排学习进度，随时掌握自己的学习情况，有利于激发学生学习健美操的兴趣，充分调动学习的积极性和主动性，有效提高练习健美操的技能水平，提高教学质量。

（七）完善高校健美操教学考核的机制

首先，不断更新评价理念，建立科学的、符合素质教育的评价理念，重视学生健美操实践能力的养成，使高校健美操的评价目标与培养目标相一致。

其次，重视评价中的激励因素。传统的教学评价标准单一，不利于学生学习主动性的提高，应重视对学生进行相对评价。因此，在高校健美操教学中，教师应善于肯定学生在某一方面（如速度素质好、动作规范、乐感好等）的优势，对后进生、中等生多做自身纵向比较，激励学生。

最后，重视教学评价的创造性。教师在高校教学评价中应建立评价项目多元化、评价方式多样化的教学体系，创造性地处理好知识、技能和情感态度及价值观之间的关系；统一标准与个体差异的关系；过程评价与终结性评价之间的关系，同时重视对大学生抗挫折心理素质的培养。

第二节　竞技性健美操的创新发展

一、高校竞技性健美操创新的基础与原则

（一）高校竞技性健美操创新的基础

竞技性健美操的内容非常复杂，需要有所创新。创新就必须要具有良好的身体素质和动作技术，这是竞技性健美操动作创新的基础。难度强化训练是对现有难度更高一层次的提炼，其对高校学生运动员在难度技术掌握和身体素质方面都提出了更新更高的要求。所以不断提高现有难度动作的质量，提高难度动作技术掌握的准确性，注重完成动作时身体控制能力以及难度动作的规格是进行难度创新训练的基础。

在竞技性健美操训练中，增加难度的训练和复合型难度的加长加难训练是有

效的练习内容和训练手段。增加难度的训练包括负重难度训练和递进负荷难度训练。在此需要指出的是，进行难度创新训练的高校学生运动员，应该具有全面的身体素质，或在此基础上具有某项非常突出的身体素质以及能够熟练、准确掌握和应用难度技术的能力。只有在此基础上进行强化素质训练和难度技术训练，才会使创新的难度动作得以高质量地完成。

1. 增加难度的训练

增加难度的训练是创新难度训练的基础和保证，是强化大学生运动员身体素质和难度技术掌握程度的一个重要手段。创新难度，要求大学生的身体素质和技术训练有一定的"超前性"，不同于一般的训练。

（1）负重难度训练

①训练原理。此训练的原理在于，能克服身体与物体的阻力，增强肌肉力量、爆发力和弹跳力。

②训练形式。在 A、B、C 类等难度类型训练时进行负重强化训练，这是锻炼大学生运动员潜在竞技能力的有效训练手段。

③训练手段。在高校竞技性健美操难度创新训练中，一般选择沙袋作为负重手段。高校学生运动员选择负重沙袋的重量，应根据高校大学生的力量等级标准进行。一般女生选择沙袋的重量以不超过最大力量的 5% ~ 10% 为宜；男生可以根据实际情况而定，一般不超过最大力量的 30% 为宜。另外，还可以根据各高校学生运动员的体重进行沙袋重量的选择，女生沙袋重约为体重的 10%，男生以 15% 为宜。

④训练监控。高校教练员老师要严格监控学生运动员难度动作的完成质量，每类难度动作的标准都应该符合规则的最低要求，这样才能起到真正的负重训练的目的。以负重完成分腿支撑类难度为例，两腿负重后身体姿态应该保持屈膝分腿，夹角 90°，两腿与地面平行，而不应该有任何的动作变形；每次练习时间应长于比赛要求的时间，即大于 2 秒。这不仅对于高校学生运动员提高素质和完成难度有很好的效果，还可以对高校学生运动员潜在的竞技能力进行挖掘，有利于下一步的难度创新。

（2）递进负荷难度训练

①训练原理。在高校竞技性健美操难度训练的过程中，采用负荷量恒定、间

歇固定、负荷强度逐渐增大的训练。

②训练优点。能有效地提高机体 ATP–CP 供能系统，增强 ATP–CP 在肌肉中的储备量，有利于提高竞技性健美操高校学生运动员对机体的能量动员和有效利用，从而更有利于难度动作的完成。递进负荷训练法还可以有效地增强机体耐受乳酸、消除乳酸的能力，使高校学生运动员能够承受更大负荷的训练，有效提高速度耐力。

③训练监控。每次递进的负荷强度，应该控制在最大心率 15% ~ 20% 之间。基础负荷强度心率指标 120 ~ 130 次 / 分钟，负荷时间小于 40 秒，间歇方式慢走或放松，间歇时间 5 ~ 6 秒，休息不充分再进行第二次递进负荷，直到高校学生运动员达到最大心率为止。通过递进负荷，可使机体的各种机能产生与各种难度练习相匹配的适应变化，强化糖酵解和 ATP–CP 供能的有效发展和提高。

以进行俯卧撑类难度训练为例，从达到基础心率指标的俯卧撑数为 20 个做起，休息 5 ~ 6 秒，然后增加到同样时间内完成俯卧撑 25 ~ 30 个，再休息 5 ~ 6 秒，增至 35–40 个，再休息 5 ~ 6 秒，再增至 40 ~ 45 个，直到达到最大心率为止。在此应该指出的是递进负荷法训练难度的类型以 A 类支撑和 B 类俯卧撑两类较为有效。

2. 复合型难度动作的"加强加长"训练

复合型难度动作的"加强加长"训练，这种训练方法是针对竞技性健美操难度的发展趋势而拟定的名称。当前高校竞技性健美操的难度发展已进入复合型难度，各种难度的发展以多种类型的有机结合为创新点。因此，难度训练应该具有一定的针对性。复合型难度动作的强化手段有加长和加难两种。加长指训练中延长难度保持的时间，一般指支撑类难度动作；加难指难度动作的过程复杂化或混合多种难度技术。这种高要求的训练，强化了高校学生运动员对各种难度技术的准确掌握，同时，对高校学生运动员的综合素质也有很大的挑战性。

（1）同类难度动作强化训练

在技术特征上，同类难度动作具有共性，因而高校学生运动员在掌握同一类难度动作时比较容易。对于有一定水平的高校学生运动员，同类难度动作训练已经不足以挖掘他们的竞技潜力，要进一步提高难度价值和体现高校学生运动员的超前能力，就必须在难度训练中加强动作的复杂程度。所以要提出新的难度训练内容，即同类难度动作的加长加难训练。同类难度动作的加长指在现有难度动作完成基础上的加长，如延长支撑时间，提高训练密度，增强高校学生运动员对该类难度动作的训练刺激，从而创造更难一级的难度动作。同类难度动作的加难指使完成难度动作的过程复杂化，如在做依柳辛难度动作的过程中加后踢腿或再加以一个依柳辛变为双依柳辛。

（2）异类难度动作强化训练

异类难度动作强化训练，指各类难度动作有机结合后在复合型难度的完成过程中加入转体或俯撑、倒地类难度动作，使得复合型难度的训练更加复杂化。它是强化高校学生运动员掌握多种复合难度动作的一种强化训练手段，如在做科萨克跳成俯撑时，在该难度动作前加入转体 360° 变为较难一级的动作。

异类难度动作加难训练，需要高校学生运动员对各类难度动作的技术掌握准确、熟练。同时，对高校学生运动员的综合素质要求也很高。由于动作过于复杂，所以在进行这种难度强化训练时，应注意提高高校学生运动员身体的控制能力。

（3）连接动作强化训练

在运动实践中，连接动作为难度动作的准备性动作。难度动作的连接动作有变化，完成同一个难度动作的技术就有所不同，成套动作的流畅性及艺术性都对连接动作提出更高的要求。因此，连接动作是完成难度动作的关键环节。进行难度训练时，适当加难连接的动作有助于发掘高校学生运动员完成更高一级难度动作的运动潜力。在训练过程中，应注意不是每一类难度动作都可以加入连接动作，也不是每一个连接动作变难后，难度训练的效果就会更好。通常连接难度变难的难度训练，多集中在跳与跃类难度，连接动作也采用跳与跃的运动形式，以开发高校学生运动员连续起跳运动能力，提高下肢爆发力，从而为创造更难一级的跳跃类难度动作打下良好的基础。要注意的是，这样的强化性训练对于支撑类难度动作的效果不是很理想。

（二）高校竞技性健美操创新的原则

高校竞技性健美操难度创新的原则，依据创新活动的客观规律来确定，是创新活动客观规律的反映，是对创新实践的经验总结，对创新实践具有普遍的指导意义。因此，根据实际需要，在训练中正确地贯彻与运用创新的各种原则十分必要。

1. 科学性原则

在高校竞技性健美操动作创新中，要严格遵循人体运动的生理解剖规律、运动负荷曲线，并且要以此为依据进行选择创新的方法、形式、内容和技巧，提高创新动作的科学性。在高校竞技性健美操动作创新中实施科学性原则，是为了防止创新的动作违背人体生理解剖规律而造成运动损伤，或因运动负荷不合理而造成运动疲劳，是为练习者建立的最科学、最可靠、最安全的保障。根据人体运动生理解剖规律，科学性原则的实施下对动作的要求如下：

（1）合理设计动作顺序

根据人体运动生理解剖规律，合理设计动作的顺序，是动作创新的基本要求。如难度的动作顺序一般分为三部分：第一部分预备动作，主要包括过渡连接动作；第二部分主体难度动作，包括若干身体部分的运动，身体运动由局部到整体；第三部分结束动作，一般为缓冲落地动作和调整身体稳定性动作，身体部位由少到多逐步参与运动。

（2）合理安排动作顺序

根据运动生理学规律，一般运动应该从身体的远端开始再逐渐过渡到全身，使身体逐步适应运动变化，所以创新动作时应合理安排动作的顺序。其主要是要求创新者考虑避免容易造成伤害的方法与手段，避免一些反关节的运动或关节受压过大，严格遵守人体生理活动规律进行创新，这样不仅可以使身体肌肉顺势用力，而且可以体现动作的自然美。

（3）考虑人左右均衡的发展

将人体沿脊柱纵向，人体分为对称的两个部分。因此，在动作创新的过程中，应该充分考虑人体左右均衡的发展。设计新动作时，特别是人体单侧动作，要注意安排同等运动的另一侧动作。

2. 竞赛性原则

高校竞技性健美操运动员要想在比赛中获得优异的成绩，动作创新应该从竞技的角度考虑，创编中的各种因素都要突出，都要有所升华。因此，动作素材的选择应独特新颖，具有创新意识和时代气息。同时，还应该明确有关规则的具体要求，了解比赛规模和其他参赛队的实力，为编排动作提供较全面的参考依据。这就要求高校竞技性健美操在动作创新上，应该遵循竞赛性原则。

（1）遵守规则要求

在竞技性健美操比赛中，每一个参赛的学生都要遵守比赛的规则，任何违反规则的创编都会严重影响比赛成绩，因此研究规则是必不可少的。如在规则中对难度动作创新的最低要求与标准有明确的表述，因此在创新难度的过程应力争达到或接近这些标准。对于个人与集体，难度动作都有一定具体要求，创新难度时，应该严格遵守这些规则。规则指出，对单人、混双、三人和六人，成套动作中所选择的难度动作必须体现空中、站立和地面 3 个动作空间的均衡性，每组难度动作至少各一个。地面难度不可以超过 6 个，俯撑落地的动作不得超过 2 个，不得重复难度。混双和三人要得到该难度得分，全体高校学生运动员必须同时或依次、同向或反向完成相同难度动作。集体六人要得到其余难度动作得分，全体高校学生运动员也可以同时或依次完成最多两个不同的难度动作，高校学生运动员完成这两个难度动作可以任意人员组合形式完成。若高校学生运动员同时或一次完成不同难度动作，将以难度至最低的动作为依据。此外，对创新的新难度动作规则也有明确规定，这也是必须遵循的。

（2）要体现科学性、新颖性、流畅性和艺术性

在高校竞技性健美操创编中，应该考虑动作的合理性与艺术性，对高校学生运动员实际水平和个性特征以及成套动作的风格与特色，都要有所考虑。创新的难度与动作组合的选择和设计必须很好地融合和平衡，不可以集中在一个平面上，应该利用好空间。要掌握好成套动作和空回的比例，合理设计它的类型和动作形式，体现成套动作的均衡性。如每个难度动作都有其不同的过渡连接方式，过渡动作不同，则动作路线就会不同，从而对场地的使用也就不同。每一种步伐都有最为合适的移动方向，熟练掌握各种步伐的特点，是创编新难度的基础。此外，应突出个人特点，如难度动作技术规格虽然要求大体相同，但由于高校学生运动员个人身体素质和技术掌握程度的不同，完成同样难度的风格也会有所不同，设计难度时应该考虑不断提高成套动作质量，这是动作具有艺术性和竞争力的前提。成套动作质量主要包括动作技术质量和动作姿态质量。动作技术质量指高校学生运动员完成动作技术的要领是否正确、先进，动作姿态质量指完成动作时高校学生运动员身体姿态的控制程度。因此在创新动作时，应提高动作质量，体现动作的艺术价值和完成价值。

总之，竞技性健美操动作的创新，要体现科学性、新颖性、流畅性和艺术性，这样才能吸引裁判与观众，取得满意的成绩。

3. 针对性原则

在高校竞技性健美操动作创新的过程中，要根据高校学生运动员的身体素质、形态、技术特长等特点，以及规则的改动和技术发展趋势等方面进行创新。

不同的学生运动员对动作的接受能力、感受能力及表现能力都有所不同异，另外他们在技术掌握和身体素质等方面也有显著的差异，所以在动作创新的过程中应该注意成套动作中难度的种类级别以及操化动作的风格、连接动作的巧妙和过渡动作的新颖，有针对性地选择切合实际的方法和手段进行创新。

竞技性健美操规则对创造性要求是，成套动作必须是令人难忘的、与众不同的，它必须是展现音乐及动作设计和配合的独特的创造性的结合。难度动作的创新包含动作创新和技术创新。动作创新是指创新出前所未有的、独特的、有一定难度价值的新动作；技术创新是指在原有的难度动作基础上，探索出新的动作做法，形成新的动作技术风格，并具有发展前景的技术内涵。所以发展难度动作一定要突出"新"字，要与众不同、花样繁多、出人意料。创新中，必须要了解竞技性健美操发展的现状和趋向，并加以分析和总结，找准创新的突破口，以创造出与高校学生运动员能力相适应的动作，提升成套动作的价值。

（1）针对技术型大学生运动员动作创新的实施

任何竞技性健美操动作的掌握和完成，都离不开对其合理技术要领的掌握。高校竞技性健美操的成套动作不仅要求全面的身体素质作为基础，而且因动作的复杂和多变性要求合理掌握技术和应用技术。如针对技术型高校学生运动员创新的难度应集中于动作设计应该趋向复杂化，考虑多种难度类型组合，以多变复合型难度或复杂多变的连接动作，体现技术型高校学生运动员的优势。

（2）针对柔韧型大学生运动员动作创新的实施

大多数高校竞技性健美操女生运动员具有柔韧素质好而相对力量薄弱的特点，这些高校学生运动员柔韧性较好动作幅度大、舒展，因此可以把创新点集中于柔韧与变化类难度上。如无支撑依柳辛接纵劈叉，在此基础上也可将柔韧与转体类动作的结合，或柔韧与跳跃类结合，以展示优美高超的柔韧技能，发挥自己的特长。

（3）针对力量型大学生运动员动作创新的实施

针对力量型高校学生运动员在力量素质上的优势，成套动作的创新以体现力量特点为主要创新点。如创新难度应该考虑难度类型的选择，创新点应该集中于体现直接力量素质的俯卧撑、倒地和支撑与水平两类难度的变化上，创新纯力量型难度，还集中于间接体现力量素质创新复合型难度，即在跳与跃、柔韧与变化的难度类型中，连接俯撑和支撑难度的难度动作，从而发挥大学生运动员的力量优势。

二、高校竞技性健美操动作的创新

（一）影响竞技性健美操动作创新的因素

影响竞技性健美操动作创新的因素有很多，其中主要包括主观和客观两方面的因素。对影响健美操动作创新的主观和客观影响因素的研究，是认识创新生成与发展的必要前提。了解影响因素的组成及各种因素对高校竞技性健美操动作创新活动的影响程度和它们之间的相互关系，对优化高校竞技性健美操动作创新环境、开发创造力等，有十分重要的现实意义。

1. 影响健美操动作创新的主观因素

主观因素主要是指对健美操动作创新活动具有促进或阻碍作用的内在因素。主要包括知识结构、专业知识和技术理论知识、实践经验等内容。

（1）知识结构

知识结构指脑中观念的全部内容和组织形式。在高校竞技性健美操动作创新知识结构中，创新者应该具备对专业知识与难度技术理论的深刻理解和掌握，对其他健美项群运动技术知识的掌握和创造学知识的相互渗透两个重要特点。

（2）专业知识和动作技术理论

竞技性健美操的专业知识是构成竞技性健美操动作创新知识结构的基础，任何一个设想的产生都离不开专项运动实践。高校竞技性健美操专业知识构成主要包括对竞技性健美操项目特征、竞技性健美操动作技术原理、竞技性健美操训练理论、竞技性健美操创编原理和竞技性健美操裁判法，以及项目发展规律等方面的知识。坚实的专业素质在于全面了解和掌握本专业的知识，还应该对动作创新的潜在发展需求萌发超前构思，产生既有价值又实用的创新设想，而且在设想产生后又可以运用专项知识作出判断，确定设想的可能性、新颖性等，从理论价值、对未来前景的预测和评估，对新创的动作进行合理的选择。

（3）创造学理论知识

对多年来创造实践活动的高度概括和总结便可以形成有关创造学的知识。掌握创造学知识可以了解创新的规律和原理，能掌握行之有效的创新方法，为创新活动提高效率。所以高校竞技性健美操动作创新者应该对于创新学的基础理论知识有所掌握。

（4）其他健美项群的知识

竞技性健美操与其他健美项群之间有着密切的联系，从而使得各项目之间存在互相移植、鉴赏和渗透的可能。如体操、艺术体操、花样滑冰、花样游泳、体育舞蹈等健美项群的各项技术、动作的移植鉴赏是普遍存在的。很多项目之间相互联系的特性，有利于开阔思路、启发联想、创造新颖的难度动作，是高校竞技性健美操取得动作创新成果的保证。

（5）实践经验

高校竞技性健美操教练员老师在从事竞技性健美操运动实践活动中，从大量的成功和失败的经历中获得的认识和体验的成果便是实践经验。其虽没有理论知识系统和深刻，但却反映事物的原始本质，对解决实际问题十分有效。经验可以横向移植，当遇到与以前经验相雷同情况，经验可以提示和启发我们，这对于创新活动是十分重要的。因此，应注意及时总结自己的经验并主动积极地学习他人的经验知识。

2. 创新动作的客观因素

人的创造活动受到创新条件的促进和制约，其影响体现在各个层次和各个领域。高校竞技性健美操动作创新作为客观存在的创造形式之一，也肯定会受到各种客观影响因素的作用。

（1）具体的创新对象

不同的高校学生运动员对动作的接受能力、感受能力及表现能力都有差异，而且在技术掌握和身体素质等方面也有显著的差异。因此，在创新动作的过程中，应该注意动作组合的种类、方式、级别以及动作的风格和成套的强度，有针对性地选择切合具体创新对象的创新方法和手段进行难度创新。

（2）竞技性健美操的竞赛规则

竞技性健美操的规则是高校竞技性健美操比赛的规范和准则，其规定参赛者的条件、制约参赛的行为，同时对竞技性健美操的发展起着重要作用。竞技性健美操的发展应以创新为前提，研究创新势必会涉及竞赛制度和规则对于创新活动的影响，因此在进行难度动作创新时，对规则的研究是十分有必要的。

（3）国内外竞技性健美操动作发展的新形势

对于竞技性健美操中的每一个动作，运动员都应该按照规则规定力求标准、完美地完成，同时给人留下美好的印象。对高校竞技性健美操运动来说，选择难度应该与高校学生运动员的实际身体水平和技术水平相吻合，选择应该能够充分体现该难度价值。整个成套动作中难度动作的整体设计，应该尽量符合规则中展示的难度级别和类型的布局特点，选择类别上以动力性力量和爆发式跳跃为主，选择适当的难度级别为宜。难度动作在整个成套动作中的价值在于该难度动作的艺术与难度的综合价值，将难度动作赋予艺术情感，给人留下的印象。全部难度动作在成套动作中，应尽量避免多频率累积出现，应将难度动作镶嵌于成套动作的操化动作、过渡和连接动作、艺术性表现动作和集体项目的配合之中，这样有助于表达出整个成套动作的主体和艺术内涵。

（二）高校竞技性健美操动作创新的过程

1. 发现新动作阶段

发现问题是创新的开始。怎样寻找和发现新动作是高校竞技性健美操创新动作的第一步，同时也是创新动作是否成功的关键环节。在高校竞技性健美操动作创新中，发现新动作的途径有两种：

（1）主动寻找并发现新动作

①依竞赛需要提出现有动作技术的缺陷与不足；

②依规则修改的变化寻找新的动作创新的方向和突破口；

③依对手水平和高校学生运动员的实际运动水平寻找体现个性特征和优势的办法；

④依难度动作技术发展的趋势和动向寻找难度创新的可能性。

（2）被动启发而捕捉新动作

被动启发并不是简单的事情，它依赖于以下必要条件：

①依赖于创新者的好奇心和求知欲，有很强的好奇心才能从别人觉察不到的事情上看出问题；

②依赖于创新者对于健美操动作创新的积极性，发现训练和比赛中的问题的人，往往是态度积极的人；

③依赖于创新者的专业知识、竞赛经验和观察能力，没有深厚的知识，以及丰富的经验，很难发现深刻的问题；

④依赖于创新者对竞技性健美操操化动作、难度动作各种类型的深层理解和实质性技术的掌握。

2. 设计新动作阶段

明确了动作高校竞技性健美操创新的目标，动作创新就要进入解决创新中遇到的具体问题阶段。设计新动作阶段是在头脑中构思新动作具体组成和技术要领及对过渡动作的考虑等等的过程。在此阶段，教练员老师和高校学生运动员必须注意以下几点：

（1）动作设计要合理

在设计中，动作顺序的安排、动作类型与难易程度、动作技术要点与练习手段等等，都需要教练员做更进一步的考虑和完善。

（2）动作设计要有针对性

设计应该针对高校学生运动员的运动水平、身体素质、技术特征与个性特征等等，将动作设计落到实处。

（3）新创动作要有价值

新动作应该从高质量的动作规格、难度发展趋势、艺术价值等三个角度进行分析和改进设计，来提高动作的价值。

3. 检验新动作阶段

在健美操动作创新中，要将实践检验和理论检验相结合起来进行，要对设计的新动作进行必要的检验。理论检验是通过逻辑推理，凭借自己或专家的知识经验，对新动作的设想做出合乎规律的检验，以求得理论上的周密和合理。这是常用的验证辅助手段，其内容主要是针对动作设计的可行性、有效性、实用性和独创性的分析，用逻辑力量来证实设想的科学性。实践检验包括高校学生运动员对动作掌握、训练和比赛中动作的完成和效果评价三个方面。

（三）高校竞技性健美操动作创新的能力与方法

1. 高校竞技性健美操动作创新的能力

（1）思维能力

思维能力对竞技性健美操动作的创新具有重要的影响，思维能力主要包括思维的广度和深度、思维的灵活性和独立性等，是表示思维发展程度的基本范畴。一般来说，高校竞技性健美操动作创新思维能力主要由想象力、多项思维能力、联想思维能力等几部分组成。

①想象力。创新发源于想象，想象力对竞技性健美操动作的创新具有重要的作用，训练场上老师应该善于根据高校学生运动员动作表现情况与相应的动作建立联系，组合加工，从而会有新的思考，创造出新的动作。

②多向思维能力。多向思维能力是相对于单向思维能力来区分的。多向思维强调从事物的多角度、多层次、多方面和多方向研究问题，认识问题，需要在逆向、侧向、发散等思维辐射中转移思路，寻找各种创新的设想。在高校竞技性健美操动作创新中，多向思维能力的应用主要体现在对于动作理解的多角度和多层次，对难度技术分析的多方面，对动作路线和方向的逆向、侧向和发散思考，从而有利于动作创新。

③联想思维能力。由一个事物想到另一个事物的能力便是联想思维能力。创造性思维的本质在于发现原来认为没有联系的两个事物之间的联系，联想思维能力强的人能把有限的知识和经验调动起来加以利用，从而扩大创新思路。在高校竞技性健美操动作创新过程中，老师要善于从现有的动作联系到其他项目的动作，为创新建立一个良好的思维模式，由一个动作想到多个动作，或由一类动作想到其他类动作，或从连接方式的改变想到其他项目的连接动作，这是对教师进行联想训练的有效途径。

（2）观察能力

观察能力是指抓住事物微小变化和本质的能力。要想创新竞技性健美操的动作，观察能力是创新者所必须具备的基本素质。因为观察是获得感性材料的基本方法，是寻找创新方向的前提，也是捕捉创新时机的重要途径。在高校竞技性健美操动作创新领域中，观察能力主要表现在以下几个方面：

①对高校大学生训练中动作变化和技术变化的灵敏的感受能力，即对动作变化的刺激感受比较敏感。高校竞技性健美操教练员老师对于高水平高校学生运动员成套动作的完成应该有所记录，对于任何微小的异常现象，不轻易放过任何可疑点，随时注意寻找有价值的、富有启发性的线索，并与相关联的动作联系起来，创造出新的动作。

②对各种动作具有敏锐的洞察能力，即能透过动作的表面形式变化现象，认识各种动作技术本质特征的能力。教师对于任何动作的认识不应该停留或局限于表面的动作表现形式上，而是应该深入研究动作的本质精髓。如同类难度动作都具有共性技术特征，而各类难度的技术差异则是各类难度的个性特征，教师应该对各种难度特征有一个较为全面而深入的理解。

（3）创新设计能力

创新设计能力是指将头脑中的想法付诸实施的能力。在现实中我们常常有很多想法，但是由于各种原因而不能付诸实践，因而创新设计能力是一名创新者非常重要的能力。在高校竞技体育创新能力中，创新设计能力是重要的组成部分。创新设计能力主要包括高校大学生的实际能力、教师的组织和实施能力等。

①大学生的实际能力。大学生的实际能力主要包括身体素质和难度技术水平以及心理素质等。因此，在进行健美操动作创新时，一定要考虑大学生的实际能力，否则健美操动作难度的设计就仅仅是一个空想。

②组织和实施能力。健美操创新的动作能否符合人体运动的规律，还需要在实践中进行检验，而进行健美操实践则需要具有一定的组织和实施能力才能完成。

（4）预见能力

根据客观事物的已知因素及其发展变化的规律，凭借个人学识与逻辑思维能力，推断未来的才能便是预见能力。预测的实质是先在大脑中建立一种由因果关系构成的事件链环模型，顺着这种模型获得连环前进，就能推测最后一环，从而作出正确的预见。在高校竞技性健美操动作创新中，预见能力主要体现在以下两个方面：

①预见动作发展趋势。竞技性健美操异常复杂，变化多样，动作组合日益复杂化，连接逐渐深入巧妙化，过渡渐进新颖化，对空间利用合理化，难度全面化，

这些因素都要求大学生具有预见动作发展趋势的能力才能做好竞技性健美操的动作创新。

②预见潜在的竞技能力。大学生应该意识到自己本身对创新是一种心理的需要，或一种想要突破当前难度动作的意识。当大学生对现有难度的掌握或身体素质已经超越现在难度所要体现的竞技能力时，教师应该提前对这种潜在的能力有所预测和推断。

2. 高校竞技性健美操动作创新的方法

在高校竞技性健美操动作创新中，创新的方法主要有递进创新法、逆向创新法、移植创新法和组合创新方法等几种。

（1）递进创新法

递进创新法，是指在不改变原健美操技术动作的基础上，对其内容或形式在程度上的递加或递减，从而获得新的技术动作。递进创新法是一种非变革性质的创新，是在健美项群中应用较多的一种创新方法。常用的方法主要有数量递减法和数量递加法两种。

①数量递减法。数量递减法指在原有的动作技术创新上不改变动作性质，只减少动作数量的创新方法。创新中主要用于支撑或俯卧撑类的难度动作，指在原有的动作基础上减少支撑部位以充分体现高校学生运动员的力量优势。如两点俯卧撑就是三点俯卧撑减少支撑点的创新难度；又如单臂直角支撑是以直角支撑为基础创新得来的。

②数量递加法。数量递加法指在原有的动作技术基础上不改变动作性质，只增加动作数量的创新方法，在高校竞技性健美操难度动作创新中，常用于纯转体难度动作或含有转体的复合难度动作。如转体720°是转体360°的数量递加创新的结果；又如转体180°科萨克跳在转体180°成俯撑是在转体180°科萨克跳成俯撑的基础上再增一步创新而成的。

（2）逆向创新法

逆向创新法，是指从现有技术、动作组成原理、功能特性、结构形态等方面的相反方向提出问题、思考问题、最终解决问题的方法。自然物质的对称性和事物间对立统一规律的客观存在，所以存在沿着现有技术结构相反方向的思考，并引出原技术动作的新技术动作的可能性。采用逆向创新法，可以开阔思路。在进行高校竞技性健美操动作创新的过程中，逆向创新法起着重要的作用。

①动作顺序的逆向。动作顺序的逆向主要用于复合动作，是指将现有两个或多个动作顺序颠倒过来，从中获得新动作的创新方法。如转体180°屈体跳，逆向改变动作顺序后的难度就成为屈体跳转体180°。

②动作方向的逆向。动作方向的逆向是确定现有动作的方向，然后找出与之相反方向的对应的动作，从中获得新动作的创新方法。如依柳辛难度动作的反向难度就成为反依柳辛、前跨跳动作的反向难度就成为反跨跳，及前倒俯卧撑与后倒俯卧撑、前踢腿与后踢腿等等，都是利用动作的逆向创新的难度动作。

（3）移植创新法

移植创新法，是指将其他运动项目的动作技术及原理部分或全部引入本运动项目中，并通过一定的改造获得新动作技术的方法。完整的竞技体育系统，不仅与其他领域有着千丝万缕的联系，而且体育运动内部的各项目之间、各技术体系之间也有相互的联系，存在共同的特点，因而可以互相转化与借鉴。在高校竞技性健美操难度创新过程中，移植法是一个较为直观的动作创新的方法，主要有以下两种途径。

①舞蹈类动作的移植。竞技性健美操产生于传统的有氧健身舞，所以构成成套竞技性健美操的难度动作，必然与其他舞蹈动作有着密切的联系。这样就可以借鉴舞蹈动作进行难度创新，如屈体分腿跳成俯撑就是源于舞蹈动作中的分腿跳。

②健美项群动作的移植。高校竞技性健美操作为技能类表现健美项群的一个项目，与一些健美项群项目有密切必然的联系，从而能够为高校竞技性健美操的动作创新提供了很好的借鉴。有些高校竞技性健美操难度动作就是直接引自于体操和艺术体操的难度动作，如依柳辛、变身跳等；有些是移植其他项目难度的过程中再加工再创造，如先移植艺术体操中屈体跳动作和纵劈腿跳两个难度动作，经过改变动作反向或增添结束动作，就可以变为竞技性健美操中的新的难度动作转体180°屈体跳接俯撑、纵劈腿跳接纵劈腿落。

（4）组合创新法

组合创新法，是指从整体出发系统地对因素、结构、层次、功能以及动作方向路线进行新的选择、组合和建构，使创造性思维拓宽变广的方法。组合法要求按照一定的创新意图和目的来创新，另外还要求考虑动作整体功能的发挥，还要使动作要素结构有序化。此外，还要求注重动作技术发展的需要，要求有利于高校学生运动员的学习和掌握。在竞技性健美操难度创新中，难度组合法是最为常用的一种方法，表现形式主要有以下三种。

①同类动作组合。同类动作组合指有共性特征的同一类动作之间的有机转化或结合，如柔韧类难度中依柳辛成纵劈腿就是两个柔韧类动作组合成的难度动作。这样的组合难度具有共性特征、成功率较高、高校学生运动员易掌握、可创新的领域较广泛等特点。

②异类动作组合。异类动作组合指把具有不同特征和技术的动作进行有机结合。其难度大，技术动作复杂，要求高校学生运动员能全面掌握多种技术，此外对高校学生运动员的身体素质也提出更高的要求。在高校竞技健美操难度创新的过程中，这种方法不仅可以创造出多种多样的难度动作，而且也是高校学生运动员突出技术和个性特征的有效方法，对于高水平高校学生运动员异类难度创新较为常用，如跳与跃类难度和俯撑难度的组合，柔韧与变化类与倒地类动作的组合等。

③难度与连接动作组合。准备性质的连接动作的流畅性和有效性，与难度动作的成功完成有密切关系，成功地、高质量地完成一个难度动作，其中必然有连接动作的潜在辅助作用。因此，在创新难度的同时应注意与连接动作的有效合理的组合，创造出新的难度动作，应该对应其技术特征，寻找更为恰当的连接动作与之结合，尽量避免新的难度动作应用同样适用于原难度技术动作的连接动作。此外，新颖的连接动作在成套的艺术评判中也具有重要意义，所以在创新难度的同时，应将难度动作的连接动作一起考虑，才收到较好的效果。

参考文献

[1] 李秀芹 . 高校形体与健美教学研究 [M]. 西安：陕西科学技术出版社，
2022.

[2] 刘海荣，冯强明，胡晶 . 新时代高校体育与健康教程 [M]. 天津：天津大学
出版社，2022.

[3] 董晓雪 . 素质教育理念下高校体育教学课程体系的建设与发展研究 [M]. 北
京：中国农业出版社，2022.

[4] 张锦锦 . 健美操发展创新思考与技能训练研究 [M]. 吉林人民出版社，
2021.

[5] 李慧 . 高校体育教学改革与科学化训练研究 [M]. 沈阳：辽宁大学出版社，
2021.

[6] 郁方 . 高校健美操运动与教学研究 [M]. 长春：吉林大学出版社，2020.

[7] 傅金芬 . 健美操的美学特征与编排艺术 [M]. 北京：九州出版社，2020.

[8] 陆丹华 . 新形势下高校健美操创新发展研究 [M]. 长春：吉林人民出版社，
2020.

[9] 钟贞奇 . 大学生体育健康与体育运动 [M]. 长春：吉林人民出版社，2020.

[10] 沈竹雅 . 大学生体育运动与体育文化研究 [M]. 吉林出版集团股份有限公
司，2020.

[11] 刘斌，马鑫 . 新编大学体育与健康 [M]. 成都：电子科技大学出版社，
2020.

[12] 文渭河，杜清锋，杨杰 . 当代大学体育健康教程 [M]. 长春: 吉林人民出版社，
2020.

[13] 安婕 . 健美操运动教程 [M]. 延吉：延边大学出版社，2020.

[14] 马艳.大学体育健康与运动实践研究 [M].西安：西北工业大学出版社，2020.

[15] 孔琳琳.高校健美操运动创新发展研究 [M].延吉：延边大学出版社，2019.

[16] 康丹丹.高校健美操教学与创新研究 [M].北京：北京工业大学出版社，2019.

[17] 王静.高校健美操教育的理论与实践创新 [M].长春：吉林科学技术出版社，2019.

[18] 赵萍.健美操课程教学分析与实践创新 [M].长春：吉林大学出版社，2019.

[19] 孔宁宁.高校竞技健美操体能训练与健康教育 [M].延吉：延边大学出版社，2019.

[20] 严美萍.高校健美操与校园体育文化的协同发展研究 [M].长春：吉林大学出版社，2019.

[21] 赵静晓.健美操教学训练系统设计与方法研究 [M].太原：山西经济出版社，2019.

[22] 刘柳，吴卫.健美操 [M].北京：北京师范大学出版社，2019.

[23] 何丽琼.健美操教学与训练研究 [M].天津：天津科学技术出版社，2019.